中学生校园体育文化及课程建设探索

曾正平　邓　毅　刘薇薇 / 著

北京燕山出版社

图书在版编目（ＣＩＰ）数据

中学生校园体育文化及课程建设探索 / 曾正平 , 邓毅 , 刘薇薇著 . — 北京：北京燕山出版社 , 2022.5
ISBN 978-7-5402-6558-8

Ⅰ . ①中… Ⅱ . ①曾… ②邓… ③刘… Ⅲ . ①体育课 —教学研究—中学 Ⅳ . ① G633.962

中国版本图书馆 CIP 数据核字（2022）第 084157 号

中学生校园体育文化及课程建设探索

著者：曾正平　邓毅　刘薇薇
责任编辑：邓京
封面设计：马静静
出版发行：北京燕山出版社有限公司
社址：北京市丰台区东铁匠营苇子坑 138 号
邮编：100079
电话传真：86-10-65240430（总编室）
印刷：北京亚吉飞数码科技有限公司
成品尺寸：170mm×240mm
字数：214 千字
印张：13.5
版别：2023 年 4 月第 1 版
印次：2023 年 4 月第 1 次印刷
ISBN：978-7-5402-6558-8
定价：82.00 元

前言 PREFACE

　　我国经过改革开放的洗礼后,政治、经济、文化等方面都已经取得了举世瞩目的成就。但是我们的教育,尤其是校园体育教育却仍然有很多问题亟待解决。新时期,世界发展进入新形势,国家之间的对抗越来越取决于文化和经济等软实力,此时各方面的专业人才显得非常重要。一个人要想承担起家庭和社会责任,就必须具有强健的体魄,那么体育锻炼必不可少,这自然就会回归体育教育问题,因为一个人良好的体育运动习惯和对体育文化深刻地认识,大多是在学生时期养成的。高质量的中学校园体育教育可以改变青少年的人生,因为中学校园体育文化和体育课程会教给他们知识和技能,让他们能够终身参加体育运动,从而有健康的身体,在未来人生的各方面取得成功。校园体育教育和文化建设是一个周期很长的事情,在短时间内收效甚微,对于一些重要问题、烦琐问题、亟待解决的问题需要更多的体育工作者贡献自己的力量。因此,从一个全新的角度来探索中学校园体育文化和体育教学课程以适应新的挑战迫在眉睫。

　　本书试图从新形势下中学校园体育教育入手,着重讨论校园体育文化和体育课程要面向现代化,要与时俱进,努力为国家培养出符合社会要求的各类人才,进而讨论现代化的校园体育教育。现阶段由于党和政府的高度重视,迎来了校园体育发展的历史机遇,我们必须搭上这班车,让中学校园体育教育实现质的飞跃。

　　本书以中学生校园体育文化与课程建设为主要内容,共八章。第一章为校园体育文化概述,主要介绍了校园体育文化的概念、内容、特征与意义;第二章阐述了中学生校园体育文化建设的指导思想、基本原则和科学设计等内容;第三章主要介绍中学生体育课程建设,包括课程设置、课程资源开发与利用、课程模式构建、精品课程建设和教师队伍建设等内容；第四章介绍了中学生体育课程目标、内容、方法、评论等教学要素及发展；第五章至第七章分别介绍了田径运动、球类运动、武术运动的文化及课程建设；第八章为校园体育文化视阈下中学生体育隐性课程建设研究。

本书在撰写过程中，借鉴了许多体育专家和教育学者的成果，并且运用了多种相关学科知识，在此对帮助本书撰写的所有人表示感谢。本书对校园体育研究的过程中提及的相关论点和认识还有很多未尽之处，对中学体育教材内容和教法的把握尚欠周详，渴望得到学者、专家的指点。由于时间仓促，知识水平有限，本书难免存在一些值得商榷和探究的内容，恳请同行和读者批评指正。

作　者
2022 年 3 月

目录 contents

第一章

校园体育文化概述

校园体育文化的建设需要从校园相关理论的梳理和阐释开始。只有在完整、清晰的理论系统基础上，才能健康、有序地对校园体育文化进行长期稳定的建设和发展。本章将从校园体育文化的概念与内涵、校园体育文化的结构与内容、校园体育文化的特征与意义以及校园体育文化与中学生健康四个方面对与校园体育文化相关的重点理论及对中学生的影响进行详细的分析与阐述。

第一节 校园体育文化的概念与内涵

一、校园体育文化的概念

校园体育文化是以师生以及全校员工为主体,以促进其身心全面发展为目标,以身体练习为手段,以各种运动项目、体育活动、体育竞赛为主要内容的校园活动的总和。校园体育文化既有校园文化的属性,也有体育文化的属性,具体包含以下几方面的含义。

(一)属于校园特有的文化

校园文化是区别于企业文化、家庭文化、社区文化、社团文化的一种特殊文化现象,具有自身独特的目的、内容和形式。校园体育文化是校园文化和体育文化两个文化体系的有机融合,在不同的社会文化背景和不同的校园文化交互作用下而产生的一种跨文化体系。校园体育文化与其他文化最明显的区别,是它的主体和环境的特定性所带来的特性,校园内的主体是青少年儿童,他们正处于人的生命力最为勃发和强劲的时期。因此,校园体育文化带有强烈的生命力和感染力,充满朝气,是最为鲜活的生命表现,这是校园体育文化特殊性和特定性的核心所在。

(二)具有丰富的文化层次

校园体育文化是体育文化的组成部分,含有体育物质文化和体育精神文化的内容,是在学校这个特定的文化空间与物理空间内通过体育制度规范、校园体育活动以及校园体育制度等因素而对学生产生身体、心理、精神等方面的影响,最终达到促进学生的身心全面发展的目的。一个学校的校园体育文化既能反映学校的校园文化特色,也能反映出学校师生的主流生命观、健康观、人生观、生活态度、健身理念以及行为准则。校园体育文化既包含严谨的科学方法、健全的组织结构,又具有丰富的人文资源、文化内涵,是一种层次丰富的文化体系。

（三）表达校园的价值取向

校园体育文化是学校全体师生价值取向的重要体现。一个学校的体育文化价值往往表达着整个学校的文化价值取向,也是校园文化中最集中、最突出的表现。校园体育文化的价值观既体现了全体师生的价值追求,也是全体师生学习、工作与生活的价值导向,是一种强势的校园氛围,影响着校园的精神文明建设和物质文明建设。一个具有优秀的体育文化传统的学校,其校风、学风以及全体师生的精神面貌都会有所体现,比如具有积极进取的奋斗精神,拥有刻苦坚韧的精神品质。校园体育文化还具有一定的校园凝聚力,会使生活在同一所学校的人们彼此之间产生强烈的认同感、责任感和荣誉感。

（四）传承传统的体育文化

学校作为知识和文化传承的重要载体,它不仅体现在课堂的教学上,也体现在校园体育文化的建设方面,学校内开展的民族传统体育活动同时承载着传承民族文化与体育精神的双重意义。学校通过有组织、有计划的体育教学活动,以身体练习、竞赛活动等形式,将优秀的传统体育文化进行传承,并且他们在发展建设的过程中,将这种传统与精神潜移默化地融合进校园的精神氛围、行为准则和环境中,形成独有的文化气质,使学生对校园、对传统、对民族逐渐养成一种深厚的情感归属,深深认同自己属于社会群体的一分子,属于民族大家庭的一员;并主动通过自己的言行参与文化的创造与传递,自觉地成为文化的受益者和创造者。

二、校园体育文化的内涵

（一）校园体育文化是学校特有的文化现象

校园体育文化是一种特殊的体育文化,其产生并存在于学校这个特殊的环境中,这是其与家庭体育文化、企业体育文化、社区体育文化等体育文化的最大区别。校园体育文化是学校文化和体育文化相互结合而产生的,可以说校园体育文化是一种以体育为主要内容的学校文化,也是一种存在于学校这个特定环境下的体育文化。校园体育文化形成于特殊环境下,即学校环境,校园体育文化有特定的参与主体,即师生和其他校园人。环境的特殊性和参与主体的特定性是区别校园体育文化与其他体育文化的重要特质。

校园体育文化一方面是社会大文化在学校内的折射,另一方面是学校历史传统的积淀,其性质是一种区域文化,属于社会文化的亚文化范畴,在内容和体系上又有自己独立的形式和结构。

（二）校园体育文化以价值观为核心

校园体育文化的特征、功能、发展方向是由师生的价值取向决定的,价值观是学校教育文化中最重要、最核心的部分。校园体育文化本质上所体现的是关于学生及教职员工的体育价值观,它必然会对全体师生员工的行为产生导向作用,形成一种强势的学校氛围,造就学校特有的体育文化品质和体育传统,进而形成该学校区别于其他学校的显著特征。优良的校园体育文化品质、精神和传统是学校发展的潜在动力,是一种巨大的激励因素,推动着师生积极进取、战胜困难、开拓创新、夺取胜利。

校园体育文化与学校德育文化、智育文化、美育文化等构成了学校文化群,其价值取向、目的都与学校文化所依托的价值体系、目的相通,其宗旨都是培养人、造就人。从某种意义上来说,学校是文化的受益者,又是文化的创造者,他们受一定文化所形成的精神氛围、特质和环境潜移默化的影响,使学生成为社会群体的一分子、民族大家庭的成员。

第二节　校园体育文化的结构与内容

一、校园体育文化的结构

尽管目前国内外学界对体育文化的概念还没有一个统一的界定,但是,基于现有的研究,综合各个学者的观点,我们认为体育文化是一个有系统、有组织的综合体,它主要由以下几部分组成。

（一）物质层

物质层是体育文化的基础，是进行体育实践活动的前提和条件，它包括体育场地、体育设施、器材、体育雕塑、体育服装和各种体育形态等。

（二）制度层

体育制度层指起到规范作用的各种体育法规和条例，以及各项体育运动的裁判规则等，制度层保证了体育行为具有一定的强制性。制度层还包括各种体育组织的组织规则。制度层对体育文化的意义重大，它决定着体育文化能否健康地发展，是体育文化系统中最具有权威的因素。

（三）行为层

行为层是指体育文化主体在体育实践活动中以约定俗成的方式构成的体育行为规范、体育行为表现和内容，主要以体育习惯来体现。

（四）精神层

精神层包括体育思维方式、体育审美、体育情趣和体育价值观念。体育价值观念是体育文化的核心，决定着体育文化传统的形成和文化走向，体现着文化主体的主观愿望和文化品位。

二、校园体育文化的内容

校园体育文化的内容包括校园体育物质文化、制度文化与精神文化，各种文化又包含着丰富而具体的内容，如图 1-1 所示。

（一）校园体育物质文化

校园体育物质文化指的是学校开展各种体育工作（体育教学、体育科研等）与体育活动所需要的物质环境与条件的总和。校园体育精神文化与制度文化的存在与发展都要以体育物质文化为基础，而校园体育物质文化又是由校园体育精神文化与校园体育制度文化所创造的成果。校园体育文化体系中，体育物质文化作为载体发挥着重要的作用，如营造良好的校园体育文化氛围、促进人际沟通、建立和谐人际关系、为学生参与体育活动提供基础保障、促进学生校园文化生活的丰富。

下面具体分析校园体育物质文化的重要组成。

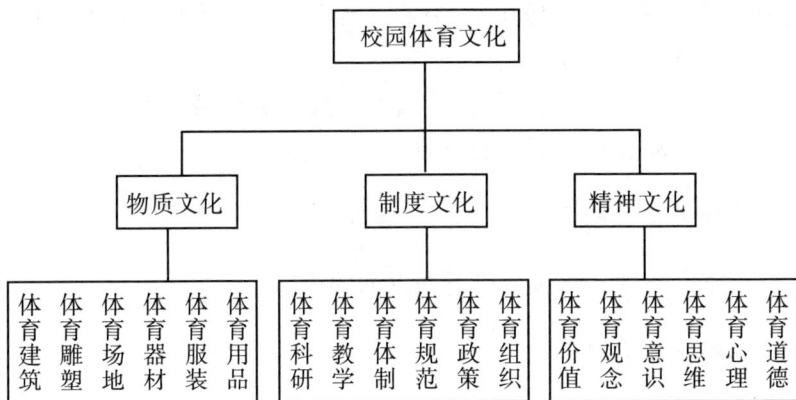

```
                    ┌──────────┐
                    │ 校园体育文化 │
                    └──────────┘
          ┌──────────────┼──────────────┐
      ┌───────┐      ┌───────┐      ┌───────┐
      │ 物质文化 │      │ 制度文化 │      │ 精神文化 │
      └───────┘      └───────┘      └───────┘
```

| 体育建筑 | 体育雕塑 | 体育场地 | 体育器材 | 体育服装 | 体育用品 | 体育科研 | 体育教学 | 体育体制 | 体育规范 | 体育政策 | 体育组织 | 体育价值 | 体育观念 | 体育意识 | 体育思维 | 体育心理 | 体育道德 |

图 1-1　校园体育文化的内容体系[①]

1. 体育设施文化

校园体育设施是校园体育物质文化最基本的组成部分,主要包括校园体育场馆、运动场地、运动器材与设备、各种设施的布局以及接待和服务能力等。充足的体育设施是学校开展体育工作和体育活动的基础条件。体育设施少,现有体育设施接待能力差的学校在开展体育教学、课外体育活动的过程中会受到很大的阻碍,甚至无法正常进行体育教学。

体育设施文化对任何一所学校来说都是校园体育文化建设中的重要内容,学校大力建设体育场馆,购置、维护体育器材、设备,并合理布局体育设施,提高体育设施的服务能力和接待能力,促进校园体育物质文化的发展,从而满足学校开展各项体育工作与举办丰富多彩的体育活动的需要,满足学生主体的需要。

2. 体育宣传文化

体育宣传文化是指通过各种媒体宣传手段,对师生员工进行体育文化意识和体育文化精神的宣传和教育。加强体育宣传文化建设,有助于使学校师生员工形成高尚的体育道德风貌、坚韧的体育精神、良好的体

---

① 章罗庚.校园体育文化导论[M].长沙:湖南大学出版社,2009.

育品质。建设体育宣传文化必须体现时代性,坚持与时俱进,开拓创新,要充分体现体育文化对促进社会主义精神文明建设的作用。体育宣传文化的宣传手段属于物质层面的内容,而其产生的影响、效果和作用则属于精神文化层面的内容。

总之,校园体育物质文化凝聚着全体校园人的智慧和汗水,是师生员工在体育活动过程中创造的成果。[1]

(二)校园体育制度文化

校园体育制度文化包括以下两方面的内容。

1.校园体育活动规范

校园体育活动规范主要是指学校中与体育相关的一系列规章制度,包括各种体育管理制度,如教学管理制度、训练管理制度、科研管理制度等。除了常见的管理制度外,校园体育传统、校园体育相关规定、校园体育竞赛等具有规范性的内容都属于校园体育活动规范的范畴,这些内容兼具显性课程和隐性课程的特性。校园体育规章制度是所有学生在参与各种体育活动中都应该遵守的准则与规范,学生的体育行为受到校园体育规章制度的约束与引导。除了有明文规定的规章制度外,还有一些约定俗成的没有明文规定的规范与准则,这些是在校园体育的长期发展中形成的,学生也应该自觉遵守。

2.校园体育行为方式

校园体育行为方式主要是指校园体育长期发展中形成体育习惯、体育风气、体育传统,同时包括校园体育的组织方式、校园体育活动在学校活动中的地位等。校园体育行为方式直接影响校园体育文化特色和校园体育文化的建设与发展方向,而校园体育行为方式的形成与发展又受到学校文化的制约和影响。不同学校的体育文化建设思路不同,建设的理念和指导思想也有差异,这与各个学校办学的规格、思想、条件以及其他方面存在的差异有关。但不同学校在体育文化建设中要遵循共同的原则,而且建设的内容应该包含体育文化的各个要素,但可以有不同的侧重,可以采取不同的构建框架、结构及方式。

---

[1] 郭成.校园体育文化[M].北京:中国科学文化出版社,2003.

校园体育制度文化是校园体育的综合形态,对促进校园体育活动的有序开展、校园人的身心健康、学生运动水平的提高以及素质教育的全面推进起到重要的积极作用。

（三）校园体育精神文化

校园体育精神文化是学校师生员工在学校这个特定的空间中,依托校园体育环境,在参与体育活动实践的过程中所形成的体育精神文化,主要内容包括体育价值取向、体育道德情感、体育精神追求、体育思维方式等。学校师生员工的体育道德品质、体育意志品质等都体现在校园体育精神文化中。校园体育精神文化是校园体育风格的浓缩,是在长期的校园体育文化实践中形成的,在这个长期的形成过程中,学校师生员工付出了巨大的努力。校园体育精神文化的确立是历史的积淀,是几代校园人艰辛培育的成果。

校园体育精神文化既有时代性,也有民族性,民族体育文化精髓、时尚体育文化特质都能从中体现出来,这反映出校园体育文化极具个性与多样性。校园体育精神文化是学校精神文化的重要组成部分,在校园体育各个领域都有不同程度的渗透,主要从校园体育行为主体和各种体育载体中体现出来。虽然校园体育精神文化是看不见、摸不着的,但校园人时刻都能感受到体育精神的存在,校园体育独特的感染力、震撼力和凝聚力都是从精神文化中所透射出来的。

校园体育精神文化的培育与积淀是循序渐进的过程,在这个过程中,校园人不断参与体育实践活动,将自身的力量和作用充分发挥出来,由于个体差异性的客观存在,决定了每个人的力量和作用是不同的,而且最终的效果也有差异。但是校园体育精神具有超前性,它获得了校园人的广泛认可,尤其是体育价值取向、体育观念因为被广大校园人认可而具有强大的向心力,也使校园人之间形成了巨大的凝聚力,这种情况下,虽然不同校园人在校园体育实践活动中发挥的作用和力量有大小区别、方向差异,但他们有共同的目标,基于此而形成了巨大的合力,这种合力激发着校园人积极参与体育活动,在实践中发挥创造性,进而对整个校园体育文化的发展起到重要的推动作用。

第三节　校园体育文化的特征与意义

一、校园体育文化的特征

校园体育文化不仅具有校园文化的一般特征,还具有体育文化的特征,并且具有二者交互后产生的相对独立的特征。具体表现在以下几个方面。

(一)主观性与客观性

体育文化的产生源于人们的客观需要,并非由人的主观意识主动创造出来的。因此,体育文化是伴随着人们在进行体育活动的过程中而产生的,之后逐渐被人们所认同和采纳,又反过来进一步影响人们的体育活动。校园体育文化也同样如此,既具有主观性又拥有客观性。但是,学校作为人类传播文明、培养人才的专门场所具有明确的目的性,这就使校园体育文化的主观成分大大增加了,成为一个比较自主的文化系统,是按照学校的某种意志而建构和选择的文化系统。但是与此同时,作为一种文化现象,校园体育文化也具有其自身的客观性,即并不以人的意志为转移,它具有自身的发展规律和发展节奏。同时,学生也并不是校园体育文化被动的适应者,而是积极的参与者、享用者和创造者,在积极主动的体育实践活动中为校园体育文化拓展新的内涵,促进校园体育文化的强劲发展,这体现了校园体育文化的客观性。

(二)系统性和人文性

校园体育文化是一个综合的、自洽的且较为完备的文化体系,它并非是一些要素的简单组合,其具有内在的逻辑、目的、内容、功能与表现形式,是一种特定的、复杂的文化系统,具有明显的系统性特征。校园体育文化最突出的表现形式为身体活动,身体活动一方面具有人的自然生物属性,另一方面又具有鲜明的人文精神,因为人的肢体语言本身就蕴含着丰富的文化思想,具有情感表达和交流的重要功能,是人类最原始、最本能的表达方式。校园体育文化将校园文化与体育文化进行有机的融合,并且将身体活动纳入校园体育精神文化的领域,而且赋予校园体育文化永恒而持久的使命。校园体育文化自始至终体现着一种人文精神,蕴含着丰厚的人文价值理念。因此,校园体育文化对学生的影响常常是持久的、深刻的,它不仅影响着学生的体育运动的行为,而且对其人生信念和价值信仰也具有很强的渗透力,对学生走入社会后的人生发展也具有积极的推动作用。

(三)历史性与时代性

校园体育文化与校园文化相呼应,是对校园文化的加强和延展,延续着一部分校园文化的历史基因,因此具有一定的历史性特征。一个学校的校园文化是学校的灵魂所在,传承着一所学校的文化传统和精神气质,体育校园文化在一定程度上将这种文化传统进行弘扬与放大,并融合时代的特征,随着时代的发展而不断地演化出自己独有的形态。学校是对时代思想与文化演化最为敏感的地方,它不断地吐纳时代最新的文化思潮与先锋思想,通过辩证地吸收与创造,产生自己的文化成果,其中有一部分会通过校园体育文化而体现出来,从而使校园体育文化得到不断滋养和发展。

(四)继承性与连续性

校园体育文化和其他文化形式一样,具有继承性与延续性。一个学校的校园体育文化总是在继承中发展、在连续中创新,具有其自身的发展特性。一个学校在体育活动方面形成的文化传统会相对稳定地被继承下去,它是学校教育的一种氛围与环境,是师生员工共同创建的校园文化,是校风的有机组成部分。一个学校的体育文化不是在短时间内就可以形成的,需要长期的积累和发展,需要不断地耕耘、建设与完善,可以说,一个学校的校园体育文化是在继承与连续中逐渐演变而来的。

(五)竞争性与协作性

竞争是体育运动的灵魂,也是校园体育文化的核心内容和精彩所在,没有竞争就没有发展和进步,也就失去了体育文化最核心的魅力。校园体育文化的竞争性是公开的、公正的,是得到鼓励和支持的。学校是为国家和社会培养人才的地方,未来社会竞争只会更加激烈,因此学校会积极培养和鼓励学生养成竞争意识与遵守竞争规则,校园的体育文化是最合适的载体。通过参加学校的体育活动,学生可以公开地、正式地演练。丰富的校园体育竞赛是最佳的演练场。同时,体育也是锻炼团队协作精神的重要途径,现在社会的发展早就告别了崇拜个人英雄主义的时代,未来社会倡导的是合作与共赢的价值理念。体育文化中的团队协作和集体意识是培养学生协作精神的最佳实践机会。

（六）多样性和灵活性

校园体育文化具有形式多样、方法灵活多变的特征。有个人活动、小组活动、班级活动,也有年级活动、全校活动,还有兴趣小组活动、学生社团活动、俱乐部活动等各种体育活动的组织形式,可以满足各种学生的不同体育运动需求。有些活动是学生必须要参加的,比如班级活动和全校活动,这是为了保证学生基本的身体发展需要。也有些是自主选择的,比如俱乐部、社团的体育活动,学生可以根据自己的兴趣和情况灵活选择、随时调整,是一种自由轻松的组织形式。

二、校园体育文化的意义

（一）育人意义

校园体育文化首先体现为多重的育人功能,对于培养学生的德、智、体、美的全面发展起到重要作用,并且会贯穿育人的整个过程中。校园体育文化的育人功能主要体现在以下几个方面。

1. 促进学生体质发展

校园体育文化有促进学生加强身体锻炼,积极参加各项体育运动的导向作用。通过有组织的体育课程、定期举办的竞赛活动,以及校园内完善的运动场地和设施,从多方面促进学生身体健康的生长发育,提高学生的健康水平,是校园体育文化发挥的主要功能。对于成长中的青少年学生来说,校园内有规律、有组织、有专业教师指导的体育锻炼是非常宝贵和重要的资源,可以全面促进学生身体的生长发育,不仅可以增强体质,还有助于身体各器官的协调发展,提高整体的机能水平。学生通过长期的体育运动,促进了新陈代谢,使人体更具旺盛的生命活力。

2. 促进学生智力发展

体育运动有增强智力发展的功能,可以提高机体集中注意力、练习专注的能力,还可以锻炼情绪的调节能力,从而可以完成艰难、复杂活动,以及提高学生的洞察力、判断力和决断能力。因此,校园体育文化活动对学生智力发展有着重要的促进作用。而且,经常参加各种体育文化活动可以开阔学生的视野,提高学习热情和学习效率,适度地消除大脑疲劳,缓解心理压力。

3. 促进学生个性发展

一个人的个性是指一个人的心理特征表现和行为特征表现的总和,它受到先天和后天的综合影响,个性一旦形成基本上会比较稳定、持续地存在,不会轻易发生改变。处于青少年时期的学生,正是个性形成的重要时期,特别是意志、兴趣、爱好、抱负、观念、理想等方面,会受到外在环境和实践经验的影响,多参加校园体育文化活动,可以有效地促进学生个性与世界观、价值观的发展。人的个性发展需要一个较长的过程,存在着成熟、完整、完善这样几个阶段,学生在校期间除了会受到教师、同学和学习过程的直接影响之外,还会受到校园体育文化潜移默化的影响,而多样、丰富、积极的体育文化氛围对学生的个性形成发挥着重要作用。个性的形成和发展是通过大量的实践活动逐步形成和实现的,是社会化的产物。学生在学校中通过积极参加校园的体育文化活动,会在生理和心理上都得到重要的体验,这些体验都会促使学生的社会化进程加快。

体育竞赛活动特有的对抗性、竞争性和不确定性,能引起学生心理上的极大关注。运动竞赛能在短时间内得到结果和完满的体验,此情此景体验到的是紧张、痛快、敬佩、自豪,对于培养学生胜不骄、败不馁的个性品质具有促进作用。总之,校园体育文化活动能调节学生的情、志发展,使学生更加朝气蓬勃、充满活力。

4. 提高学生的适应能力

校园内丰富的体育文化活动可以锻炼和提高学生的适应能力。比如,通过体育活动可以提高学生对外界环境的适应能力,从而可以提高应对复杂的自然环境和社会环境的能力。另外,学校的体育文化活动还能提高学生的社会适应能力,学生通过参加各种体育文化活动,培养了顽强拼搏、积极进取的意志品质,并逐渐将这一品质内化为自己的个性和价值观中,在今后的社会生活和工作中能更好地适应新环境。

5. 调节和疏导心理的作用

校园体育文化活动对学生具有明显的心理疏导功能。学生在成长过程中面临着很多挑战,有时候他们的心理承受能力会跟不上外界事物发展变化的要求,会带来一系列的情绪问题,比如焦虑、压抑、狂躁等,都会给他们的学习和生活造成困扰。适当的体育文化活动可以很好地起到调节和疏导心理和情绪的作用。体育文化活动可帮助学生进行放松,消遣娱乐,因此可以获得暂时的满足与平衡,有助于心理调节。

6. 传授体育与健康知识

通过参与校园体育文化活动,学生还可以学到丰富的体育文化知识、运动技能,以及有关健康的常识、保健方法等。这些知识的学习是随着成长过程而日积月累地发生的,通过参加体育文化活动的形式获得是非常合适的渠道,学生可以在实践中体会这些知识与技能的重要性,会自然而然地重视起来,而且一旦学会也不容易忘记。随着校园体育文化活动的普及,学生对校园体育文化活动的关注和重视也日渐增加,所获得的健康常识、运动知识也越来越多,而这些都是让学生终身受益的内容。

7. 培养学生的审美能力

体育本身就是一种健与美相统一的活动。经常进行体育锻炼的人往往能拥有更健美的体魄,更饱满的精神状态,整个人的体态和气质更有活力,动作更加矫健,这些都是健康的标志,也是人体美的体现。校园体育文化活动是针对青少年身心发育的需要而特别策划的活动内容和活动形式,因此是非常有效地培养学生形体美、仪表美、姿态美、心灵美的途径,同时,在一系列的体育文化活动过程中,还能培养学生发现美、感受美、鉴赏美、表现美和创造美的能力。

（二）社会意义

1. 促进学生社会化意识的形成

校园体育活动的频繁举行可以培养和提高学生的规则意识和竞争意识，这是对学生社会化的良好促进。规则意识是一种界限意识，它是社会生活中十分重要的一项基本守则，是维护社会秩序良性发展的重要保障，是每一位社会公民都应该具有的基本常识。而这种社会化意识的培养并非一朝一夕就可以完成的，它需要一个相对长期的过程，相对于课堂授课的方式而言，通过校园体育文化活动的培养会更有效。校园的体育文化活动本身就是社会的缩影，不同的体育活动对应着不同的活动规则，学生在参与的过程中需要适应和遵守各项规则，这是培养学生形成规则意识和法律意识的重要途径。同时，校园体育文化活动对竞争、合作的鼓励和追求，也在某种程度上增强了学生的竞争意识和协作意识，这些都是一个人社会化过程中需要不断提醒和训练的能力。

2. 促进学生的社会化发展

校园体育文化活动就是一个缩小的社会互动场所，学生可以通过参与校园内的各种体育文化活动，通过对抗的体育竞赛，学习和练习个体之间、集体之间的社会交往模式，掌握适应社会生活所必需的知识、技能，培养遵守社会生活准则的习惯，学会按社会所允许的生活方式进行生活，养成社会所需要的个性特征。总之，校园体育文化活动在人的社会化过程中起到非常重要的作用。

3. 激励社会情感

校园体育文化活动还具有激励社会情感的功能。学校的教学实践还包括努力营造和谐良好的校园氛围的内容，而这种氛围会通过体育文化活动这样一种具体活动形式得以体现。当学生置身于一个良好的心理氛围与和谐的人际关系环境中，会获得精神上的满足，并对集体产生归属感、安全感和责任感。校园体育文化活动还能增强学生的使命感，激励学生保持高昂的情绪和进取精神。

4.加强学生之间的凝聚力

校园体育文化活动还起到连接和凝聚学生情感的功能。除了紧张的学业之外,学生之间以及师生之间应该还具有更丰富的情感联结,这样才能形成积极健康的人际关系。通过参与校园体育文化活动,师生之间、学生与学生之间的关系都会得到加强,通过努力克服困难实现一个共同的目标,将极大地提高学生的归属感、使命感、责任感,同时增强集体的向心力和凝聚力,很好地培养学生的集体意识。

5.社会经济功能

随着市场经济的发展,校园体育文化活动的经济功能越来越显示出它的影响力,并发挥越来越大的作用。校园体育文化活动可以拉动体育健身消费,刺激内需的增长。一方面,学校体育文化活动的场馆、设施、仪器设备等要满足日常的教学需求。另一方面,校园体育文化活动极大地刺激了体育产品的需求,一次学校运动会的举办会带动学生对运动器械、球衣、球鞋等的消费,会是一笔不小的数目。学校作为一个目标与需求高度集中的特殊社区,对体育产业也具有明显的影响作用。

第四节　校园体育文化与中学生健康

一、校园体育文化对中学生身心健康的重要促进作用

健康是学生将学到的文化知识和自己的聪明才智贡献给社会的唯一保证,失去健康将失去一切,追求高质量的健康生活,是人类发展的必然。校园体育文化是全校师生在特定的环境中精神文明建设的重要内容,尤其是对师生身心健康有着重要的促进作用。具体说来,有潜移默化的教育作用、延年益寿的健身作用、愉悦身心的娱乐作用和满足人愿的竞争激励作用等。

（一）校园体育文化具有潜移默化的教育作用

学校教育的本质就是使学生通过文化价值的摄取，获得人生意蕴的多面体验，进而陶冶自己的人格和灵魂。如通过让学生了解新中国体育事业的发展历史和一代代运动员们参加世界奥运会为祖国夺得一块块金牌的辉煌成绩，可大大激发学生的爱国热情，增强学生的组织纪律性，提高学生的思想道德作风。在体育教学中对学生进行爱国主义教育，培养他们的爱国主义情感、民族责任感和民族凝聚力，都会使学生受到潜移默化的教育。特别是当其内化为一种信念时，又会带给师生对健身和运动的兴趣。由此可见，校园体育文化能使人在形象、生动、宽松、民主的文化氛围中吸取营养，轻松愉快地了解体育知识，掌握体育技能，认识体育的价值，不断追求自身的人体之美。

（二）校园体育文化具有延年益寿的健身作用

体育文化最首要的功能是它的健身功能，它满足了人类提升健康指数、丰富生命体验和提高生命质量的需求。特别是当今科技发展登峰造极，人工智能的不断发展虽然给人类社会带来极大的便利，同时也让人的自然生活形态发生了重要的改变。智能家居、无人驾驶等正在悄悄地改变着人们的基本生活场景，人类最基本的生产劳动已经退化为只需动动手指，甚至只需要用语音发出指令，而我们的身体功能却逐渐失去活动的机会。这正是体育在现代社会的重要的价值，它帮助人们保持和发展人的自然属性、避免自身"异化"的加重和从恐怖的"文明病"中解脱出来。参加与自身身体状况相宜的体育运动，为以后的健康打下良好的基础，使自身正常生长发育，防止和抵御疾病，参加工作后依然保持旺盛的精力，都具有很大的益处。

（三）校园体育文化具有愉悦身心的娱乐作用

体育作为人们生活中必不可少的一项生活方式，是业余休闲的重要部分，因此体育文化还具有重要的休闲和娱乐的功能。作为一种重要的休闲文化，体育活动能够给人带来欢乐、放松身心、陶冶情操。它还集娱乐、健身、社交、游戏等多种因素于一身，是人们健康生活的重要组成部分。体育文化是最容易被大众接受的文化活动之一，有相当大的普及性，无论是学生、上班族还是老人、孩童，都能找到适合自己身体能力和兴趣爱好的运动形式,既可以增强体质,还可以因此而结交到一群同学,对身心健康都有积极作用。人们积极参与休闲娱乐活动,获得生理上的快感和心理上的愉悦,时时处处给人以健康、健美的享受和精神心理上的快乐,成了人们终生不懈追求的乐事。

(四)校园体育文化具有满足人愿的竞争激励作用

学校体育具有鲜明的竞技性。竞赛是体育运动最突出的特点。它不仅比身体、技术、经验,而且比思想、意志、作风和拼搏精神,更是一种全面的抗衡和竞争,是对人的严峻的考验。竞争、获胜是人们的一种强烈愿望。激励促进竞争,需要唤起动机。动机引起行为,行为指向目标。激励问题是一个不断满足需要的问题。校园体育文化把全校师生置身于一个良好的心理氛围与和谐的人际关系之中。每一次平平常常的锻炼,每一场激烈对抗的体育竞技,都能使师生们的体育活动兴趣得到满足,体育人生观与信念得以实现与升华。充分发挥和完成校园体育文化的激励作用,促使校园体育文化氛围中的种种激励诱因,不断激发校园人产生并维持积极的体育行为动机,从而为个体身体锻炼而做不懈的努力,并促使个体目标与学校体育总目标趋于一致,就能使校园体育文化的建设更趋健康完美。

二、切实加强校园体育文化建设促进师生身心健康的若干举措

(一)提高认识,把学校体育文化促进师生身心健康发展放在首位

要确立"健康第一"和"以人为本"的体育指导思想,以为学生服务为宗旨,注意充分发挥学生的主体作用,努力通过各种形式,使学生掌握基本的体育知识和运动技能,促进身体素质全面发展。向学生传授终身体育思想,使其养成自觉参加体育运动的兴趣和习惯。要充分发挥教师的主导地位,树立民主、平等的师生互动关系。与此同时,加强对学生进行生理、心理等方面的综合教育,满足多层次、多方面不同学生身心发展的需求,实现学生整体素质的全面塑造。

(二)广辟渠道,开展丰富多彩的课外体育活动

学生的课外体育活动和教职工的业余体育锻炼是校园体育文化的

一个重要方面,是开展体育文化的主要途径。组织多种体育运动会、小型多样的趣味性体育比赛和推出有一定难度的如健美操、攀岩越野、武术等竞技表演;还举办学术报告,请体育专家、知名运动员介绍国内外体育形势、体育文化和体育赛事等。这些主题宣传活动,融思想性、知识性、趣味性与实践性于一体,寓教于乐,激发学生关心体育事业、自觉锻炼身体的热情。许多学校还创建了"体育俱乐部"等社团性组织,在专业体育老师的指导下,有目的、有计划地利用余暇时间开展多种竞技比赛,组织学生观赏比赛活动。事实证明,体育俱乐部余暇体育活动的开展,有利于培养提高学生对体育的兴趣,陶冶学生情操,培养学生热爱体育活动、欣赏体育之美。适应了校园体育文化的需求,推动了校园体育文化的健康发展。

(三)创设环境,重视体育精神文化与物质文化环境建设

校园体育精神文化是维系校园团体的一种精神力量,是具有校园特色的一种团体意识和精神氛围。要促进校园体育文化的建设,必须不断加强各种媒体的宣传力度。如有计划地推出体育板报、体育新闻广播,在校园网上设体育主页,还可以通过定期举办运动会、体育知识竞赛等,不断进行体育文化的渗透,使师生员工真正认识强健的身体是人生的第一财富,是现代人生活的基本条件。培养对体育的兴趣,形成师生共同的体育意识、体育观念和体育精神,真正做到了解体育、参与体育、享受体育,形成良好的体育精神文化环境。与此同时,抓好校园体育物质文化环境建设也非常重要。校园体育文化中的物质文化是指经过人对自然物质的组织、改造与利用,从而形成的文明现象。校园中诸如体育馆、田径场、游泳池、校园绿化、阅报栏、宣传橱窗等物质环境,都可以经过设计,进行组织,为体所用,营造浓厚的体育氛围,恰到好处地构成物质文化环境。努力为学生课内体育教学和课外体育活动提供充分、舒适的物质保证,完成中学教育环节中所应具备的培养学生愉悦体育和终身体育的基本任务,全面提高学生的整体素质。

(四)培养习惯,正确处理好体育锻炼与卫生保健的关系

体育锻炼是增进健康的主要手段,卫生保健则是锻炼身体的重要条件,它们相辅相成、互相促进。在校园体育文化的建设中,要努力把二者有机地结合起来。

1.要有的放矢地根据卫生保健的要求积极指导学生进行体育锻炼

锻炼中必须根据卫生的要求积极而科学地进行：其一是要全面锻炼，不可偏废，利用多种多样的运动项目促进身体在力量、耐力、灵敏、速度多方面的发展，全面提高身体的素质；其二是要持之以恒，循序渐进；其三是要区别对待，因人而异，根据情况不同，采取恰当的方式进行锻炼；其四是要注意安全，防止伤害，要在保护措施得当的情况下进行锻炼。

2.要全面做好卫生保障工作

体育锻炼是增进健康的积极手段，而卫生保健又为有效地进行体育锻炼提供良好的条件。为了增强学生的体质，体育老师和医院医护工作者乃至清洁人员要共同努力，全面做好学校卫生工作。一要对体育实行卫生监督。对各种体育设备要经常检查、及时维修，处于良好状态，保持清洁美观；体育教师不仅自己要熟练掌握保护学生安全的本领，并要指导学生互相保护，自我保护；医护人员定期对学生进行身体检查、体格测量、建立健康检查登记卡，结合体育锻炼情况，追踪观察学生生长发育和健康水平等。二要对学生进行健康教育。担任医疗卫生工作的医生、护士要配合体育教师有计划地向学生讲授体育知识、青春期卫生、运动生理、运动损伤预防、疾病及近视眼预防等体育卫生知识，使学生了解并养成良好的卫生习惯。三要改善学校整体卫生环境。此外，学校还应合理安排学生作息时间，改善饮食卫生，加强对传染病、常见病的预防和治疗等。这些都有助于提高学生身体素质，增进学生健康，促进校园体育文化的健康有序开展。

3.构建活力校园，打造校园体育文化

活力校园（Activity School）的理念是让全体教师和学生都重视运动，每个人都是身体活动的倡导者，让运动融入学生校园生活的每一天。文化是人类进步和发展到一定程度所具有的物质和精神财富的总和。校园体育文化作为学校体育发展与实践过程中产生的精神与物质产物的总和，能向学生普及健身意识，激发其参与体育运动的欲望，并能陶冶学生情操，丰富学生课余生活，促进学生身心的全面发展。故该健康促进计划在设计过程中，多种举措并举，着力构建充满活力的校园,全方位打造健身、运动竞赛、娱乐与教育一体的多元学校体育文化,营造积极、健康、向上的校园健康运动环境,帮助全体学生健康、快乐地成长。

第二章

中学生校园体育文化建设

校园体育文化为广大师生提供了一个参与健身娱乐活动,参加或欣赏竞技比赛,从中体味运动快乐、展现自我的平台。想要做好学校体育文化建设工作,首先必须要建立起其理论体系,只有在科学理论的指导下,建设工作才能有条不紊地开展。本章在介绍中学生校园体育文化建设指导思想的基础上,分析了中学生校园体育文化建设的基本原则、科学设计以及中学生课外体育文化建设。

第一节　中学生校园体育文化建设的指导思想

一、坚持校园体育文化建设的宗旨

进行校园文化建设,必须要在马列主义理论的基础上,坚持解放思想、实事求是、与时俱进、开拓创新。要从我国的基本国情出发,结合学校特色,以广大师生为对象,以学校为平台,构建起具有中国特色校园体育文化体系并对社会体育文化起到示范性、辐射性和引导性的作用。

进行校园体育文化建设,最重要的就是要发挥体育的育人作用,将爱国主义精神、集体主义精神和社会主义教育都融入各项校园体育文化活动中,使学生在寓教于乐中感受积极向上的文化熏陶。

进行校园体育文化建设,工作的关键是要将学生培养成德、智、体、美、劳全面发展的社会主义接班人,所有活动都必须围绕这一宗旨展开。应该让学生参与到校园体育文化建设的过程中去,使学生在体育文化建设的过程中逐渐领悟到马列主义的真谛,学会用马列主义的基本理论、观点和方法解决问题,形成正确的世界观、人生观和价值观。

二、校园体育文化建设必须和道德建设相结合

一方面,校园体育文化建设从本质上说就是一种教育活动,能够起到向学生传授知识、培养道德的作用;另一方面,校园体育文化建设和学生息息相关,对正在成长发育中的学生有重要的影响作用。因此,校园体育文化建设必须要和道德建设结合在一起,在向学生传授体育文化知识的同时,引导学生形成正确的道德观念,成为全面发展、德才兼备的新时代人才。

校园体育文化建设中,应该积极引导学生树立起具有中国特色社会主义共同理想;树立正确世界观、科学的人生观和价值观;教育学生遵纪守法,贯彻公民道德建设实施纲要,弘扬爱国主义精神,开展以为人民服务为核心,以集体主义为原则,以诚实守信为重点的思想道德

建设,引导学生在遵守基本行为准则的基础上,追求更高的思想道德目标。

第二节 中学生校园体育文化建设的基本原则

一、立足校内的原则

学校体育文化建设应该从学校的实际情况出发,立足校园,充分考虑学校师生的发展需要,建设能够调动学校师生对体育的热情,促进学校师生全面发展的体育文化。只有立足校园,才能展现学校体育文化的"学校"特色,展示学校体育文化区别于社会文化的特别之处,为学校体育文化的发展提供源源不断的动力。但是归根到底学校体育文化也是社会体育文化的一种,因此在学校体育文化的发展过程中,还应该在立足校园的基础上,不断从社会文化中汲取营养,丰富学校文化的内容。值得注意的是,在吸收社会体育文化时,必须要做好筛选工作,一方面要保证吸收到社会文化中精华的部分,提高校园体育文化的质量;另一方面要防止将社会文化中落后的部分吸收进来,避免给学校师生带来消极的影响。此外,还应该发挥学校体育文化的辐射影响作用,将学校体育文化传播到社会之中,促进社会文化的发展。

二、"硬件"与"软件"建设相结合的原则

硬件是指体育文化设施、体育文化队伍、体育社团组织、体育文化环境等;软件是指体育文化种类、体育文化心理、体育文化制度等。"硬件"和"软件"都是学校体育文化建设过程中必不可少的条件,缺一不可,其中,"硬件"是"软件"建设的基础,"软件"是硬件建设的条件。在学校体育文化建设的过程中,必须要同时重视硬件和软件的作用,不可偏废。但是同时也应该因地制宜,灵活变通,不能因为硬件或者软件的原因阻碍学校体育文化的建设。比如,对于一些硬件条件比较差的学校,不能因为硬件条件有限就放弃学校体育文化的建设,而是要在现有硬件的基础上,充分发掘和利用学校的资源,建立起符合学校实际状况的学

校体育文化,并在创造和发展的过程中不断增强基础设施建设,促进硬件的发展。对于一些硬件设施比较优越的学校,应该充分把握硬件资源的优势,着重致力于"软件"的建设,将软件的水平提高和硬件资源相匹配甚至超过硬件资源的程度,促进两者的全面、协调发展,最终实现促进学校体育文化建设的目的。

三、普及与提高相结合的原则

校园体育文化是属于全体师生的文化,这就要求其必须具备普及性,能够满足大多数人的要求;但是与此同时,每个师生个体之间都存在着差异,不同个体的体育文化水平也不相同,这就要求体育文化活动要显示出个体差异,满足不同水平的人群的个性化需求。比如,在学校体育文化建设的过程中,应该举办一些能够满足大部分人群的普及性文化活动,如群众性文体活动、体育知识科普讲座等;对于一些体育文化水平较高的人群,应该举办一些具有提高作用的体育文化活动,如体育知识竞赛、体育文化演讲等。只有从师生的实际需要出发,既做好体育文化的普及工作,又注重对一些高水平人群的提高工作,才能真正展现体育文化建设的价值,充分发挥体育文化建设的作用。

四、繁荣文化活动与克服反文化现象并举的原则

在学校体育文化建设的过程中,一方面要倡导全体师生以学校体育文化为基础,开展丰富多彩的学校体育文化活动,创造大量具有校园特色的文艺作品,促进校园文化活动的繁荣发展,为校园师、生、员工提供良好的精神文化熏陶,以寓教于乐的形式培养学生的爱国主义精神、集体主义精神等中华民族优良精神传统;另一方面,要在学校体育文化的建设中,严厉打击一些不良的文化风气,将包括"课桌文学""厕所文学"等在内的以破坏美好事物为目的的不良文化"赶出"校园,肃清学校的风气,保证学生思想的健康和积极性。开展繁荣的文化活动和打击不良的文化风气是相辅相成的关系,只有用社会主义的各种健康有益的思想文化充实师生员工的精神空间和业余空间,才能抵制各种腐朽、没落、不健康的思想的侵蚀。

五、时代文化与传统文化共同发展的原则

由于社会的发展和全球化进程的加快，不同文化之间的交流、碰撞越来越频繁。体育文化作为社会文化的一部分，并且正处于建设和探索过程中，势必需要面临各种文化的抉择、处理问题。针对这种局面，一方面需要肯定时代文化的主体地位，建立符合现代生活实际的校园体育文化，另一方面也应该充分挖掘传统文化的价值，取其精华，弃其糟粕，发挥传统文化的作用。此外，还要做好时代文化和传统文化之间的协调工作，防止二者之间的冲突，使二者各司其职，共同促进校园体育文化的建设。

六、学生为主体，教师为主导的原则

学生是教育活动的主体，应该在教育活动中起到主体作用，校园体育文化建设从本质上来说也是一种教育活动，学生也应该以主体的地位参与其中。在校园体育文化建设中，应该充分重视学生的主体作用，发挥学生的主观能动性，放手让学生参与到学校体育文化的建设和管理工作中。这样做一方面能为体育文化建设提供无穷的动力，促进校园体育文化的繁荣发展；另一方面也能锻炼学生的能力，促进学生的全面发展。此外，教师也是校园体育文化建设的主体之一，但是教师在建设的过程中更多的是起到引导的作用，首先教师要以榜样的身份以身作则，其次教师应该引导学生形成正确分辨积极文化和消极文化的能力，最后教师可以在学生进行校园体育文化建设的过程中为其提供帮助和辅导。只有教师和学生都积极参与到校园体育文化的建设中，学生充分发挥其主体作用，教师做好其引导工作，两者协调配合，才能促进校园体育文化的繁荣发展，才能让师生都在学校体育文化的建设过程中获得全新的发展。

第三节 中学生校园体育文化建设的科学设计

一、校园体育物质文化层建设

（一）加大体育物质文化建设的资金投入力度

体育经费是校园体育物质文化中最基本的物质保障,加大体育经费投入力度,合理分配体育经费,有助于推动校园体育物质文化建设,改善体育场地、体育器材等基础设施,配备教学器材和健身器材,确保校园体育活动安定有序,提高中学师生参与体育活动的积极性。体育经费要做到专款专用。政府也应大力扶持,除了拨付经费外,设立专门的"体育奖学金""体育基金"等,为校园体育文化建设提供保障。[①]

具体可以从下列几方面来解决资金问题。

第一,政府部门通过下发文件、宣传体育精神来提升学校领导对校园体育文化建设的关注度,并给予资金支持。

第二,面向社会筹集资金,如社会体育组织、企业赞助、社会基金会等。学校也可以举办体育商业活动,提升造血功能,拉动赞助。

第三,整合学校周边公共资源,将校外资源用于校内活动中,以节约新建场地设施的经费。

（二）提高校园体育设施的利用率

体育设施利用率,是指体育设施各个组成部分平均使用的程度,包括场地、器材、设备、房屋及建筑物的利用率,以及各种辅助设施的利用率。提高体育设施利用率,对于节约资金,扩大开放,满足需要,提高效益,都具有极其重要的意义。

加大中学校园体育设施的建设,加大经费投入和提升场馆设施的利用率是两个主要途径。经费的投入固然是完善体育设施建设的前提,合理安排现有场馆设施的利用率也非常重要。在日益高涨的体育健身热

---

① 程会娜.大学生校园体育文化解析[M].西安:世界图书出版西安有限公司,
2018.

潮中,在不影响日常教学的情况下,更改或延长场馆的开放时间,增加室外场馆的照明设施,满足因科研、学业繁忙的学生利用晚上的时间开展如篮球、足球、跑步等体育运动的需求。在满足社会开放的前提下,加大对学生开放的力度。

校园体育物质文化建设还应讲究层次性,有面有点、点面结合。

二、校园体育制度文化层建设

(一)加强校园体育管理制度建设

健全和完善的校园体育管理规章、体育法规是校园体育文化活动的基本准则,是校园体育文化规范化的关键因素,也是校园体育文化不断发展的保障。在校园体育制度文化建设中应该努力完善校园体育管理规章制度,加强规范化管理。

具体来说,可以从以下几个方面加强校园体育管理制度建设。

一是将“终身体育”理念落实到校园体育工作和管理的方方面面,培养学生积极向上的体育精神,拓宽其体育视野。

二是建立校园体育组织管理体系,加强改革和完善。校园体育部门与社会体育相关机构联合起来从宏观角度重点进行校园体育文化建设。校园体育管理部门细化体育管理工作,结构、层次清晰分明,提高管理的科学性和有效性。

(二)制定校园体育网络监督制度

在信息化时代的今天,人们的生活已经离不开网络,网络成为社会生活的重要组成部分之一。信息网络技术在学校教育中的渗透也非常深入,校园网络建设这项重要内容已被纳入校园文化建设体系中。在校园体育文化体系的构建中同样要重视体育网络文化建设,让学校师生所享有的网络信息服务更便捷、有效。学校应将信息化网络技术充分运用起来,在校园各个方面和角落全面推进数字化校园建设,对校园体育网站进行建设,为师生享受校园体育文化建设成果而提供便捷式服务。为了促进学生体育文化生活的丰富,还应该依托校园网络资源对具有学校特色的体育健身、体育康复、体育赛事等栏目进行创建。

目前,中学生在日常学习和生活中对网络的使用极为频繁,网络文化给中学生带来了非常大的影响。学校应利用网络文化普及这一优势,将网络资源运用到日常管理中,包括日常体育管理,建立体育网络管理机制,制定相关管理制度,并在校园体育工作的年终考核中确定体育网络管理成果这项考核指标,在考核过程中对网络信息的筛选和过滤都必须严格把关,禁止出现不良网络信息内容,通过网络监管而对中学生使用网络的动态有所把握。

在校园体育网络监督制度的运行中,为了确保各项制度的顺利落实,有必要对专门的体育文化网络监管部门进行设立,以便更好地依托网络平台而提高监督与管理的力度。由于网络环境较为复杂、混乱,网络平台上常常遍布一些不良言论,对此,体育网络监管部门应加强管理,正确引导中学生利用网络平台来获取体育相关信息,并加强网络健康教育,共同维护网络文明环境,避免中学生受到不良网络环境的影响。

校园体育文化网络监管部门的工作既要有体育专业人员的参与,又要有信息技术专业人员的参与,同时也要鼓励大学生监督该部门的工作,保证监督管理的民主化,提高管理实效。

三、校园体育文化精神文化层建设

（一）坚持正确的指导思想

无论校园体育文化的发展如何丰富和多元,都必须在科学而先进的思想的指导下进行建设,不能超出新时代正确指导思想的范畴,更不能与正确的思想相违背。因此,在新时期进行校园体育精神文化建设,必须坚持新时代中国特色社会主义思想的科学指导。

在新的历史时期,中学办学和中学校园文化建设旨在对全方面发展的优秀中学生人才进行培养,使中学生从小拥有强烈的民族使命感、民族自豪感和民族责任感。中学校园文化的时代特征表现为开放性、多元性,中学校园体育文化的形成、建设与发展和具有时代性的、校园文化密切相关。结合中学校园文化的时代特性而进行校园体育精神文化建设,必须坚持中国特色社会主义核心价值观的正确引导,对中学生的综合素质进行全面培养,促进中学生全方位健康持续发展,使中学生在充满挑战与竞争的社会生活中能够以健康的心态而积极应对,努力拼搏,不断开拓进取。

近些年,校园体育教育的发展形势良好,但中学校园体育文化的建设依然没有受到很高的重视,尤其是校园体育精神文化建设,从而影响了校园体育的发展。在新时代背景下,中学必须重视和加强体育精神文化建设,结合中国特色社会主义发展的具体要求,植根于中国特色社会主义先进文化而进行科学建设,突出校园体育精神文化的科学性、可塑性、独特性与传承性。

西方体育文化在我国校园的传播与渗透对我国传统体育文化在校园的传承与发展造成了极大的冲击,虽然我们强调体育文化的多元性,要建设多元校园体育文化,但不能一味重视西方竞技体育文化而忽视中国传统体育文化,对此,我们必须坚持正确的指导思想,加强传统体育文化建设,大力宣传国家意识形态和主流文化,传播马克思主义中的体育理念,加强思想政治教育引导,营造良好的校园体育精神文化氛围。

(二)培养学生的体育意识

树立正确的体育意识,培养丰富的体育兴趣和良好的体育习惯,提高体育运动能力和自我保健能力,促进身心健康发展,为全面发展打好基础,这是当代背景下校园体育工作对中学生的基本要求。中学生对体育的认识、理解,尤其是对体育运动作用和意义的认识与理解是其体育意识的集中体现。体育意识正确且强烈的学生有很强的参与体育运动的需求、欲望和动机,并在体育活动的参与中表现出良好的体育行为习惯。

在校园体育精神文化建设中必须重视对学生体育意识的正确培养,将体育理论知识教育、体育实践教学有机结合起来,促进学生体育意识的形成与全面提升。在素质教育理念下,学生通过学习文化知识而提高了文化素养,这使得他们对体育的认识与理解摆脱了以往简单直观的思维方式,形成了理性思维,并能自主判断,在学生的思维方式发生积极性转变时加强体育理论教育和体育文化宣传,更有助于提升学生的体育意识。

在学生体育意识的培养中,要充分发挥体育教育的作用,基于对体育运动发展历史的把握和发展规律的总结,结合校园体育特色和体育教育的时代特征,对体育教育知识内容进行优化选择,通过实施这些体育教育知识而满足学生的需求。此外,合理安排体育教材内容的同时也要加强与实践的结合,用科学的教材理论内容去对实践进行指导,从而使学生在良好体育意识的指导下主动参与丰富的校内外体育实践活动,提升参与的积极性和提高参与效果。

(三)培养学生高尚的体育道德

校园体育精神文化包括高尚的体育道德和良好的体育行为习惯,这也是校园体育精神文化建设的重要内容。学生作为中国社会主义事业的接班人,他们的思想道德水平对社会主义现代化建设具有重要影响。体育运动具有培养良好思想品德和健全人格的重要价值,因此我们要将校园体育文化的导向功能、育人功能充分发挥出来,对丰富多彩的校园体育活动进行组织与举办,鼓励学生积极参与活动,促进学生体育道德水平的提高和体育素质的综合提升。

在学校丰富多彩的体育文化活动中,要大力宣传科学的体育思想和体育价值观,如竞争的公平与公开,在竞赛中对对手和裁判的尊重以及对规则的遵守,要求真务实,不断创新,要规范行为举止,表现出良好的体育道德风尚和美好的人格,使学生在耳濡目染中提升自己的体育道德水平。此外,中学还要将各种传播媒介利用起来大力宣传我国优秀体育运动员在国际大赛上为国争光的光荣事迹,从而对学生进行爱国主义教育,对学生的民主情感进行培养,并对其世界观、人生观的建立进行正确引导。

(四)对学生进行体育精神的培育

体育精神是校园体育文化的重要内涵,更是校园体育文化的核心。在体育文化体系中,体育精神文化居于最高层次,对人们的体育行为具有重要影响。体育精神具有很强的影响力,尤其是凝聚力和号召力,校园体育精神是学校在长期的体育实践中形成的文化底蕴和积累的精神财富,如遵守规则、公平公正、诚实善良、友好互助、热爱祖国等。

随着社会经济的发展和人民群众生活水平的提高,学生的物质条件得到了极大的改善,但他们的精神世界较为空虚,缺少精神财富,这从他们的一些行为与问题中就能体现出来,如急功近利而非脚踏实地,考试舞弊、学术不端、缺少诚信等。要解决这些问题,必须发挥体育精神的引领作用,将体育精神作为学生前进的灯塔,指引他们前行,对学生的务实精神、规则意识、公平观念、诚信美德等进行培养,这些对校园体育精神文化建设和精神文明建设都具有重要意义。因此,学校要面向中学生进行体育精神的弘扬,将真善美传递给每个学生,并由学生传递到社会,使体育精神的影响力遍布社会各个方面,推进社会主义精神文明建设。

第四节　中学生课外体育文化建设

校园体育不仅包括体育课堂教学活动,还包括课外体育活动。课外体育活动对增强学生体质、增进学生健康、促进学生身心和谐发展、提高学生社会适应能力、丰富学生课余生活等有着重要的意义。因此课外体育文化成为校园体育文化的重要组成部分,在校园体育文化建设中要重视对课外体育文化的建设。本节重点探讨中学生校园课外体育文化建设,主要从校园体育文化节建设以及课外体育活动安全管理两个方面展开。

一、校园体育文化节

(一)校园体育文化节的基本知识

1.校园体育文化节的内涵

从传统运动会演变而来的校园体育文化节是学校从师生的需要出发而设立的学校体育文化活动日,这个活动日以开展丰富多彩的体育活动为主体。校园体育活动的开展形式丰富多样,而校园体育文化节是其中一个非常重要的形式,是校园体育文化的重要组成部分,也是校园体育文化建设的重要内容,在健全与完善校园体育文化体系方面发挥着至关重要的作用。

学校体育发展确立了"健康第一"的指导思想,在该教育思想下,校园体育文化节展现出增强师生体质、增进师生健康、促进素质教育、实现学校体育目标等丰富内涵,这些也是校园体育文化节的本质内涵。从根本上而言,校园体育文化节是一种学校体育育人活动,其根本出发点为促进师生体质的增强和学生综合素质的提高。

2.校园体育文化节的特征

（1）基础性

校园体育文化节重视对师生体育意识的培养，注重对体育健身与娱乐方式的普及，对选拔与竞技比较淡化，旨在促进师生体质健康水平的提高，为培养师生的终身体育意识和习惯奠定基础。

（2）主体性

校园体育文化节倡导学生主体性的发挥，鼓励学生积极参与校园体育文化节策划的整个过程，主动参与校园体育文化节中的各种活动，发扬个性，展现活力，抓住机会锻炼和提升自己。

（3）全体性

校园体育文化节鼓励师生员工"重在参与"，尊重每位校园人参加校园体育文化节的权利，尽可能使全体参与者的需求得到满足。

（4）全面性

体育的文化传递功能和育人功能在校园体育文化节中得到了充分的发挥。校园体育文化节形式多样、内容丰富、功能全面，对全面提升学生综合素质及促进学生个性发展具有重要意义。

（二）校园体育文化节的策划

在中学举办体育文化节活动，必须做好活动策划工作。策划者为了将全校所有师生员工参与体育活动的积极性调动起来，促进其体育意识的增强，促进体育精神的弘扬和传播，必须在周密调查和系统分析的基础上对学校体育资源进行合理配置，系统性地策划节日活动的主题、目标、过程控制、活动宣传等，并做出决策，最后将可操作性较强的执行方案制定出来，为具体工作的有序展开提供指引。

下面具体分析校园体育文化节的策划内容。

1.主题策划

校园体育文化节活动的举办有明确的目标和具体的任务。只有目标明确，主题策划才会有明确的指向。因为活动主题以活动目标为出发点，脱离活动目标的活动主题是没有实际意义和实际效果的。策划者要从特定目标出发，通过对相关资料的收集和分析，确定活动重点，即活动主题，这就是主题策划。

在主题策划中,要尽可能提炼具有科学性、教育性和可行性的主题,要结合活动的目的、指导思想和宗旨来提炼鲜明的主题,使之与活动要求相符。

2. 内容策划

策划好主题后,接下来就要策划内容了,内容要与主题相配合,保持一致,内容策划在体育文化节的整个策划中是非常关键的一环,必须给予高度重视。

校园体育文化节的内容策划需注意以下几点。

第一,以体育活动为主题,体育与文化交融,这是体育文化节的特色。"体育"始终都是体育文化节内容策划的核心和关键。校园体育文化节的内容主要包括体育表演、体育竞赛、图片资料展览、体育演讲比赛、体育知识竞赛和体育专题讲座等。其中体育竞赛、体育表演的主要呈现形式是在中学中举办大型体育竞赛和体育表演活动,主要参与者是学生,此外也有学生之外的校园人参与,如教师和工作人员等,参与者众多,参与度较高,再加上活动内容丰富有趣,因此具有广泛的辐射性,吸引了众多主体的积极参与。其他体育文化节活动内容如图片资料展览、体育演讲比赛、体育专题讲座和体育知识竞赛等与传统运动会的举办方式截然不同,主要是将课余时间利用起来而举办的,鼓励师生积极参加,以提升参与者的体育意识,丰富其体育知识,拓展其视野,促进其全面发展。学生主动参与丰富多彩的体育文化活动,并在体育节活动的组织与实施过程中充分发挥主体作用,不仅能享受快乐,得到锻炼,还能塑造个性,激发活力,获得更多的收获。

第二,要基于对政府部门相关方针政策、学校体育工作规划、体育目标及办学特色等方面的综合考虑而精心策划活动内容。

第三,要经过对学生运动兴趣爱好、体育需求及其他实际情况的深入调查来确定能够满足学生需求的活动内容。

3. 形式策划

校园体育文化节的活动内容对文化节的活动形式是有决定性影响的,活动形式反过来对活动内容也会产生相应的作用,二者是对立统一体。

校园体育文化节具体应该以什么样的形式来展开,这是没有统一标准的,在形式策划中主要是考虑以下几点。

第一,考虑文化节内容,选择与内容高度匹配和相互适应的活动形式。

第二,考虑实际因素,如时间因素、场地设施因素、经费因素、人力资源因素等影响体育文化节活动开展的主要因素,从实际出发进行活动形式策划,并结合中学办学特色来采取具有特色的活动形式。

第三,考虑中学生的生理特点和个性特征,采取中学生喜闻乐见的活动形式,同时还要尽可能别出心裁,力求创新,以吸引中学生积极参与体育文化活动。

第四,考虑活动的弹性和灵活性,为了使活动张弛有度,还要从形式上注重对文化节活动节奏的把握。

4. 组织流程策划

校园体育文化节的组织流程策划主要包括三个方面,分别是确定与优化组织结构、明确职能分工、做好任务分配,如图 2-1 所示。

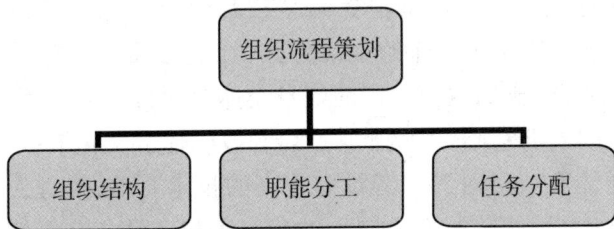

图 2-1　组织流程策划

(三)校园体育文化节的项目设置

1. 体育竞赛类项目设置

在校园体育文化节的众多内容中,居于核心地位的是体育类项目。体育项目也是校园运动会的核心内容,所以从体育项目来区分校园体育文化节和校园运动会存在一定的难度。体育文化节中的体育类项目和校园运动会中的体育项目一样都具有竞技性,但除了竞技性外,体育文化节中的体育比赛内容也具有娱乐休闲性和趣味性,降低了体育比赛的参与门槛,为更多人参与体育比赛、享受竞技乐趣提供了机会。

下面列举校园体育文化节中经常设置的几类体育项目。

（1）竞技体育项目

竞技体育的教育功能是显性的，通过开展竞技体育能够培养中学生的体育素质和综合素养。在校园体育文化节中常常设置一些传统竞技项目，如球类项目、田径项目等，这些也是校园体育课程的主要教学内容。通过设置这些项目，能够使中学生将自己的竞技实力充分展示出来，使中学生在竞技比赛中对体育的魅力有深刻的感悟，并自觉传承竞技体育精神。

（2）表演体育项目

校园体育文化节中的表演类体育项目不像竞技体育项目那样紧张、激烈，但也具有很强的观赏性。体育文化节中的表演项目大都是以集体形式展示的，有时对表演单元单独安排，有时在不同竞技比赛项目之间穿插安排集体表演项目，以点燃校园运动激情，传播正能量，营造浓郁的、轻松活泼的校园体育氛围。

（3）健身体育项目

校园体育文化节面向的群体是全校师生及其他员工，不管哪类人群，不管各类人群有什么样的生活方式、社交习惯，不管人群之间存在哪些差异，都可以找到适合自己的健身类体育项目。健身体育项目在学校拥有广泛的人群基础，因此非常适合在校园体育文化节中设置这类项目。健身类体育项目对参与者没有很高的技术要求，接近人们的生活，所以带动性很强，能够激发校园人的参与兴趣。举办有氧健身操、慢跑等健身类体育项目，要对全体师生员工的参与度和参与者的完成度予以重视，使学校体育文化节中健身类项目的价值得到充分发挥。

（4）休闲体育项目

休闲体育项目强调人们在活动中的体验，能够使参与者愉悦身心、放松压力、陶冶情操、审美怡情的需求得到满足。在校园体育文化节中开展象棋、桌球、围棋、轮滑、滑板等休闲类体育项目，要强调内容的全面性和参与者的全体性，而对竞赛名次不做过分强调，以休闲娱乐和重在参与为主。休闲体育项目的开展使校园体育文化节的项目构架越发丰富，促进了体育文化节内容的拓展。

（5）趣味体育项目

趣味体育项目也就是体育游戏，其既有竞技体育的竞技性，也有休闲体育的娱乐性，因而可以说这类体育项目是具有综合性的，对激发中学生的参与热情和健全与完善中学生的人格很有帮助。

校园体育文化节中的体育游戏主要是集体类游戏,有很强的观赏性和吸引力,促进了校园体育文化节影响力的传播和扩大。此外还有一些个人类体育游戏,以传统体育游戏为主,如投壶、陀螺、射弩等,这类项目的开展有助于传播传统体育文化,促进现代体育文化与传统体育文化的交流与融合,丰富校园体育文化节的文化内涵。

（6）电子竞技运动项目

电子竞技运动具有虚拟性、趣味性、互动性,以其独特的魅力在我国开辟了广阔的市场,吸引了众多爱好者参与,成为社会上非常流行的一种体育文化现象,其带来的经济效益非常可观。

体育类电子游戏在电视电子竞技游戏中占有一定的比例,将体育类电视电子竞技游戏引进校园体育文化节中,有助于激发中学生的兴趣,吸引中学生的注意力,营造良好的节日娱乐氛围,同时也为没有参与实际体育项目的师生提供了良好的机会,使其通过参与电子体育游戏而对体育文化的魅力产生良好的体验与感受。

2.其他文化活动项目设置

校园体育文化节除了包括体育竞赛类项目外,还包括一些贴合体育文化节主题的非竞赛类体育活动,如体育论坛、体育电影展、体育摄影展、体育讲座等。这些文化活动淡化了体育的竞争性,充分反映了"以人为本"的活动指导思想,扭转了学校传统体育文化节中只有竞赛项目而忽视文化元素的局面,促进了体育文化节活动内容的丰富,也是对竞技比赛氛围予以调节的重要手段。这些非竞赛类体育活动不仅面向学校师生,也面向社会群体,增加了参与者类型,促进了校园体育与社会体育的互动。

（四）挖掘校园文化资源,促进校园体育文化节建设

校园体育文化节是校园文化的重要组成部分,是根植于校园文化而产生的。在校园体育文化节的建设中应对校园文化资源予以充分挖掘,依托校本文化而对文体结合的体育文化节进行建设,突出校园体育文化节的特色。

1. 以高校物质文化为基础

在校园文化建设中,首先要进行物质文化建设,物质文化是校园体育文化节建设的基石。物质文化建设中要突出物质文化的实用性、发展性、艺术性和学生主体性,倡导简洁、实用、宁静、典雅,充分展现物质文化的丰富内涵。此外,学校还应秉着环保、节能的原则进行物质文化建设,将新建、改造结合起来,倡导就地取材、废物利用、变废为宝,节约成本。物质文化具有育人功能,在物质文化建设中应将这方面的功能充分体现出来。

物质文化是校园体育文化节建设的基础支撑,体育文化节中的各种体育活动离不开宽阔的场地、功能多元的场馆、完备的器材等物质条件,因此要以学校物质文化为基础来构建校园体育文化节。

2. 以学校精神文化为依托

校园文化中居于核心层的是学校精神文化,精神文化建设一直以来都是校园文化建设的重点与难点。精神文化有较广的覆盖面,其中包括"终身体育观"这一重要组成部分。学校应从师生的实际情况出发,坚持以人为本的原则而进行校园精神文化建设,并在精神文化建设中努力培养中学生的终身体育观念和习惯。

校园体育文化节的举办需要由学校精神文化提供重要支撑,体育活动在维系和完善校园体育精神文化中发挥着至关重要的作用,因此举办校园体育文化节具有重要的现实意义。校园体育精神文化能够通过体育文化节这个平台得以展现,但要先以校园体育精神文化为出发点而努力形成良好的校园体育风气和体育氛围,并加强课外体育活动的举办,从而为顺利开展校园体育文化节并一直延续这个传统而奠定良好的精神基础。

3. 以校园制度文化为保障

学校所有工作的开展都离不开制度文化,健全的制度文化是学校正常运行的重要保障,学校工作能否取得事半功倍的效果,关键要看是否有成熟的运行制度。良好的校园制度文化既能满足学校发展的内在需求,又能彰显中学办学特色,传播中学校园的传统文化。

校园体育文化节是一个庞杂的系统,体育文化节各项活动的开展都离不开每一步的缜密计划和精心筹备,这时校园制度文化就尤其能体现出重要性,发挥重要价值。筹划校园体育文化节工作,需要明确各个部门的职责与分工,需要确定和文化节有关的法规制度,而这些都要以健全成熟的校园管理制度为保障。

4. 以校园行为文化为抓手

中学体育行为文化产生于校园体育活动发生与进行的人际交往中,校园体育行为文化建设的整体情况都是从中学各种各样的体育活动中反映出来的。校园体育行为文化具体体现在校园体育课程建设;体育社团、俱乐部成立和运作;体育组织管理;学生体质测试成绩、体育活动方式等多个方面。

建设校园体育文化节,要求中学生具有良好的个人体育行为习惯,要求中学整个体育行为文化建设良好。在体育文化节建设过程中,要合理选择能够培养中学生良好体育行为习惯的内容和形式,并搭建平台来进一步推动校园体育行为文化建设,这样校园体育文化节的开展也能受益于此。

二、校园课外体育安全管理

（一）中学课外体育活动中伤害事故产生的原因

课外体育活动既包括班级的课外体育活动,也包括院系的课外体育活动,还包括学校整体举办的课外体育活动,此外,学校运动队训练、学校体育比赛等都是课外体育活动的重要内容。各种各样的课外体育活动具有鲜明的开放性,也因为体育的对抗性而存在一定的风险。课外体育活动中发生安全事故是很常见的,其中发生伤害事故较多的项目是在学校普及度较大的球类项目中。中学生在课外体育活动中容易受伤,主要原因在于活动组织无序、缺乏准备活动、技术不规范、缺乏自我保护意识与能力等。

1. 一般课外体育活动的事故原因

在一般性的课外体育活动中,发生伤害事故的主要原因是学校对这类活动的内容和组织形式没有统一的安排,组织不力,缺乏指导和监管,所以容易发生伤害事故。

2.课余训练的事故原因

中学运动队在训练中发生伤害事故的主要原因如下。

（1）忽视了对中学生运动员的健康检查，缺乏对其健康状况尤其是伤病史的真实了解。

（2）运动队采取单一枯燥的训练方法和手段，导致中学生运动员对训练产生厌烦、麻木等不良情绪，无法集中注意力进行训练，从而容易发生伤害事故。

（3）教练员没有合理安排运动负荷，运动处方缺乏合理性，甚至与中学生身心规律和运动训练规律相违背。

（4）忽视了训练前的热身准备和训练后的放松整理活动。

3.课余竞赛的事故原因

体育赛事具有强度大、负荷大、对抗性强、竞争激烈等特点，所以风险系数很高，安全隐患很大，这是校园体育赛事比其他课余体育活动较易发生伤害事故的主要原因。具体来说，中学课余赛事的事故原因有以下几点。

（1）中学领导或体育赛事管理者没有准确预测和预防赛事中可能存在的安全隐患，因为缺乏管理，比赛风气、纪律都比较差，有时会发生打架斗殴事件，造成严重的伤害事故。

（2）学校在赛事举办期间安全保卫工作没有做到位，缺乏安全应急预警机制。

（3）在规模较大的校际体育赛事中，有时因为对交通、饮食等方面的管理比较松懈，所以容易出现交通事故或食品安全事故，造成严重伤害。

（4）缺乏医务监督和管理，应急处理不及时、不合理，酿成了更严重的伤害。

（二）中学课外体育活动中伤害事故的预防及现场处置

1.课外体育伤害事故的预防

预防课外体育伤害事故的方法如下。

（1）加强对中学生的体育安全教育，以预防为主。

（2）体育教师或教练员要重视对中学生课外体育活动的指导和监管,不仅要给予技术上的专业指导,还要加强安全管理。

（3）中学生要注意在合理的环境与条件下参与课外体育活动,合理选择运动时间和运动方式,如在炎热的夏天选择温度较低的时间段进行锻炼,寒冷的冬天选择在一天中温度较高的时间段进行锻炼,以防止发生中暑或冻伤等事故。

（4）在正式活动前要做好热身准备,以全身性热身活动为主,如快走、慢跑等,使身体各部位、各关节尽可能大幅度活动,促进一般运动能力的提升。在全身性运动的基础上再附加一些专门性的准备活动,如模仿即将参与活动的动作,使运动中枢系统达到一定的兴奋度,使思想、身心都做好充分的准备,从而在正式运动时尽快进入状态。

（5）通过购买保险的方式来进行风险转移。

2.课外体育活动伤害事故的现场处置

（1）教师发现学生受伤或接到学生报告后立即联系校医务室,并将伤者迅速送往医务室。

（2）判断伤者的受伤程度,根据事故严重性而先向辅导员报告,再向院系主管领导报告,层层上报。轻者送到医务室处理,重者紧急联系120送往医院治疗。

（3）当受伤学生被送到医院治疗后,教师陪同在其身边,准备好向学生家长将事故情况说明,尤其要将医嘱和一些重要事宜向家长说明。

（4）学校帮助伤者落实医疗保险报销情况。

（三）制定课外体育活动安全制度

为防止学生在课外体育活动中发生伤害事故,学校应重视对课外体育活动安全制度的建设,主要内容如下。

（1）体育教师加强安全教育和监督。

（2）饭后1小时后进行体育活动,剧烈运动后1小时左右进餐。

（3）运动前要做适量的准备活动,时间一般以20分钟为宜。准备活动的强度以全身发暖,微出汗为准。

（4）体育活动组织者要注意运动环境的安全性,排除易发生伤害事故的因素。

（5）学生参与课外体育活动时,穿运动服,衣服要适度宽松,身上不要佩戴硬质物品。

（6）一旦发生损伤事故,及时进行紧急处理,严重者要尽快送医。

（7）课外活动实行责任制,谁组织,谁负责。

（8）组织大型课外体育活动时,各院负责人到场指挥,防止队伍混乱,造成伤害。

（9）预估危险项目,制定应急和应对措施,加强安全检查,防止事故发生。

（10）在传染病严重期停止一切大规模体育活动。

第三章

中学生体育课程建设

学校体育教育的目的不仅仅是增强学生的身体素质,提高学生的体育和竞技能力,而且要能够培养和训练学生坚韧、互帮互助、勇于拼搏等优良品质。中学生体育课程在国际中学教育领域越来越受关注,这里将对我国中学体育课程现状与发达国家中学体育课程情况展开分析,吸收和借鉴发达国家的先进经验,取长补短,为我国中学生体育课程设置提出一些可行性建议。通过体育锻炼和运动技能培养,提高中学生的身体健康,培养中学生坚强、团结、拼搏等优秀品质。

第一节　中学生体育课程设置

一、我国中学体育教学课程设置发展和现状

（一）我国中学体育教学课程设置现状

教育部颁布的体育大纲是设置我国中小学体育课程的标准和依据。1996 年颁发的《中学体育教学大纲》（以下简称《大纲》）以"提高体育意识与能力，发展终生体育"为中心思想，重新分类了中学体育课程的内容。根据《大纲》要求，体育课程分为三个大类，分别是必选体育课程、限选体育课程和任选体育课程。每个大类又包含多个项目：必选课程有田径、体操和民族体育，限选课程有游泳、篮球、足球、排球和舞蹈。2000 年颁发的《九年义务教育和高级中学体育健康教学大纲》（以下简称《大纲》）提出以"增强体育素质、促进身心健康"为指导思想，《大纲》规定提高体育课的比重，每周至少三次体育课。然而，由于地区差异、教学理念、校园文化等多种因素的影响，部分地区和学校并没有完全执行《大纲》的相关规定。

根据调查数据显示，我国中学体育课程建设的问题主要表现在以下几个方面。

一是体育项目不够丰富，以常规运动类为主，田径和球类运动较多，缺少趣味性和技巧性体育项目。目前，中学体育课程设置中的普及率是最高的，基本所有的学校都开设了相关课程，足球和篮球的普及率较高；乒乓球和排球次之；其他项目开展很少或没有涉及，这主要是由学校的办学条件、体育经费、师资力量等因素决定的。

二是对体育教学的重视程度不够，普遍认为体育是辅助课程，出现主科课程挤占体育课时的情况。只把体育课当成锻炼与调剂，缺乏对学生体育兴趣和运动技巧的培养。加上教学项目少，教学不深入，学生难以对体育项目产生兴趣。

三是缺少专业的体育设备与设施，忽视体育教师的深造与培训。多数中学校园没有开辟体育课的专用场地，体育设施与用品也过于陈旧，

没有根据体育教学大纲及时更新与升级,体育老师也没有按项目分科,所有体育课程都由一位老师教授,做不到细化与专业化的教学,也无法开展一些选修科目的教学。

四是一些学校虽然有涉及部分体育项目的教学,但是教学内容比较随意,与课本内容匹配度较低。

(二)中学体育课程设置的困境

为了不断丰富学生的学校体育生活,全面提高学生的健康水平,大力推进素质教育,教育部、体育总局等部委倡导开展"阳光体育运动",切实有效地提高了中学生身体素质。但是观念的转变和体育综合素质的提高不是一朝一夕就能见到显著效果的,需要长期坚持贯彻,仍然有很长的路要走。根据调查数据表明,中学生体育培养目标与中学生课程设置没有有机的统一起来,处于割裂状态。目前,运动技术类项目仍然在我国中学体育课程占据主体位置,提升身体健康素质的技巧类体育课程所占的比重极小。这种重视运动技术训练而轻视身体素质提升的体育教学模式过于陈旧,与"健康第一、终身体育"的指导思想相悖。

(三)中学体育课程改革的突围

课程改革不只是课程内容设置的重大革新,更是一场教学方式、学习方式、管理方式、评价方式的重大变革,为此,要积极筹备、全面部署,为启动课改做好各方面的工作,重点是以下方面。

一是加强理论与实践的结合。以集中学习和分散学习相结合的方式,在教师指导下,使学生在理论学习的基础上,通过大量实践活动,提高学生应用基础理论解决教学实践的能力。

二是组织交流展示活动。以本地体育文化传统和体育特色为基础,交流展示本地民间体育活动和新兴类体育项目的开展活动。学生的体育学习是课程教学中重要的环节,对体育教学具有导向、激励、反馈功能、评什么、怎么评,事关学生的进步与发展。传统体育成绩评价是只重视终结性评价,忽视过程性评价,重运动成绩,轻能力;重结果,轻过程;重教师评价,轻学生评价。这种评价方式虽简单易操作,但不利于促进学生全面发展和调动学生学习积极性。

因此,我们必须加强对学生体育成绩评定方法的改革,可将学生的身体素质、形态机能、学习表现与课外体育的参与列入学生体育成绩。

采取运动技能、身体形态机能、身体素质、学习表现、课外体育参与五个方面的综合性体育成绩评定方法,以消除传统体育评价的弊端;教师也可采取平时技能考核与期末技能考核相结合的方式,使学生重视平时技能学习的过程;教师也可请学生参与体育成绩评定过程,以发挥学生的主观能动性,使其从学习中学会学习和思考,以提高学生正确认识和评价自己与他人的能力,增强学生的主体意识。

理论研究和实践都证明,过程评价要更注重从学生学习过程的角度来评价学生在原有基础上的提高幅度。若只注重结果评价则往往是不够全面的,会降低学生学习的积极性。因此,把两种评价方法结合起来是当今学校体育课程评价的一个发展趋势。

二、体育课程的类型

体育课程是整个学校教育课程的一个有机组成部分。体育课程与一般的科学文化知识课程相比较具有鲜明的特点,主要可以分为体育显性课程与体育隐性课程。

(一)体育显性课程

体育显性课程是以直接的、明显的方式呈现的体育课程。目前,体育显性课程大多以学科课程的形式存在。这类课程主要是向学生传授看得见摸得着的体育知识、技术和技能,它是实现体育课程目标的基础。

体育的学科课程是指具有教学计划并在教师指导下,学校列入课表的正规课程。它包括必修课和选修课。大中小学的体育课程均有必修课,课程的开设方式有很大区别,出现了多种类型。

(二)体育隐性课程

隐性体育教学内容是相对于显性体育教学内容来说的,是指体育教材中隐含的教学内容,其隐藏在显性体育教学过程之中,教学目标也不十分明确。中学体育隐性课程内容将在第八章详细介绍,这里不再赘述。

在学校体育课程中,如何将社会需要和学生主体需要充分结合起来,是学校体育工作长期以来的工作重点。

三、体育课程的结构

（一）体育课程结构概念

体育课程结构主要包括两个方面。一是课程结构的要素构成情况。课程结构适应不同环境变化的能力的大小,是课程优化程度的重要方面,一种构成要素极少或极不合理的课程结构,其适应环境的能力也必然受到限制。体育课程结构构成要素本身的合理性与完整性,是提高课程结构适应环境能力的基本前提。二是课程结构各构成要素的组织化程度。系统具有整体性的特征,课程的性质和功能并不仅仅取决于课程由哪些要素组成,更重要的是取决于课程要素间的关系状况。要使整体大于部分之和,就必须提高要素间的组织化程度和一致性水平。

（二）体育课程结构的体系和层次

1. 体育课程结构体系的构建

建立合理的课程结构既包括建立课程的整体结构,又包括建立课程的具体结构。就是要求课程设置、课程计划、教学形式、课程教材、成绩评价以学生发展为本,以"健康第一"为指导思想,要求课程体系能最大限度地满足学生身心健康的要求,以达到学校、社会所需要的高素质、高质量人才的培养目标。

（1）课程设置

主要考虑到学生基础的个体差异和学生兴趣爱好的需求,将体育课程设置为技能课程、健身课程、能力课程、辅导课程。设置不同层面,多种多样的课程给学生更大的选择范围,以满足学生的求知欲和兴趣爱好。

技能课程是基础,培养学生运动能力;健身课程是普及,教会学生健身方法,能力课程是提高,给予学生发展机会,辅导课程是补充,满足学生个体需要。除此之外,课程设置还应考虑到不同基础水平的学生,各门课程都应有基础课程和提高课程。

（2）课程计划

随着学校体育教育改革的不断深入,学分制、选课制教育机制被普遍认同。课程计划也必须进行调整,以学期为周期的课程计划将成为必然。选课制是指学生根据自己学习计划的安排，将2年的体育必修课自主地安排在4年中的任何时间内完成（以前3年半内完成为佳）。同时，学生可以自主选择时间，自主选择教师，自主选择体育项目上课。学分制是指选择某项课程学习合格后所获得的相应分数，不合格者不记录学分。学期制是指以一次选课为一个教学周期，即一门课程的周期计划。

（3）数学模式

体育课程的构建注意教学理念的更新和教学模式的创新，主要体现在教学活动中的老师与学生互动、课内与课外互联、理论与实践互补，师生互动就是改变过去教学中教师的灌输式、命令式教学，学生的被动式、服从式学习，采用开放式、互动式教学。师生之间不拘形式，互相交流，学生提问与教师的启发等现象不断出现在教学中，整个教与学的过程变得和谐，气氛变得活跃，学生有更多的时间、空间施展自己的个性和才华，身心得到健康发展。课内外互联就是将课内教学与课外巩固提高有机地结合起来，课内以传授为主，课外以实践为主的教学模式是学生的技能形成与知识体验更具系统性、规范性。同时，课外时间更具有灵活性和多样性。理论与实践互补就是将体育基础理论知识和健身知识贯穿于整个教学始终，而不是单纯的一次理论教学，使学生在接受理论知识的同时体验与指导实践的乐趣。

（4）课程教材

学校体育在确定以"健康第一"为指导思想后，教材的内容必将重组。在选择新的教材内容时要注意考虑教材的基础性、实用性、人文化等，为学生今后从事体育锻炼、健康养身、调节身心健康等起到有效的帮助。

（5）成绩评价

在评价方法的选择上要注意应有利于调动学生的积极性，使学生充分看到自己的进步，并在学习过程中不断确立新的目标。评价内容应该包括：学生学习过程的进步程度、参加锻炼与体育活动率、体育基础技能的提高程度、自我锻炼的能力等。教师在教学过程中对学生的学习点评是学生整体评价的重点，使学生能及时了解自己的进步，是学生积极参与体育活动的动力。

2. 功能为纲的体育课程结构体系

裴斯泰洛齐是第一个用要素的观点去分析人体运动的教育家，他认为人体运动的基本要素是关节活动，因而主张按照关节活动的难易程度来安排体育活动的教学顺序。随着历史的发展，人们一直按照这个思路，或以身体活动特征，或以运动项目作为确定课程结构和内容体系的依据。这种结构在特定的时期曾经发挥过一定的作用，也具有一定的合理性，但随着我国教育实践的发展，这种课程结构的弊端也表现得越来越明显。课程的功能与课程的结构相对应，一定的课程结构具有一定的课程功能，课程的结构是课程功能的基础，课程的功能有赖于课程的结构。采用以功能为纲来划分体育课程结构，就是充分利用结构和功能相辅相成的内在关系，以促使各方面更加注意充分发挥体育课程促进学生全面发展的独特效用。

3. 统一、灵活的体育课程结构层次

统一、灵活的体育课程结构具有三个层次，即宏观课程结构、中观课程结构和微观课程结构。宏观课程结构是指课程结构的整体构局，它存在于课程指导纲要之中。中观课程结构是指课程结构的地方构局，它存在地方指导大纲之中。微观体育课程结构是指学校根据实际需要，自己构建的形式多样的课程结构体系。微观课程结构又可以分为三个层次，即表层结构、中层结构和深层结构。表层结构是课程设置的结构，它存在于课程计划中；中层结构是由各类课程内容之间的横向组合与纵向组合而形成的有机整体；深层结构存在于各科教材内部，是各科教材内部各成分、各要素按照一定比例关系组成的有机整体。体育课程结构的三个层次具有相互依存、相互制约的关系。宏观课程结构是中观课程结构和微观课程结构赖以形成的支柱；中观课程结构依附于宏观课程结构，又是联结宏观、微观课程结构的纽带。微观课程结构依附于宏观、中观课程结构，又是宏观、中观课程结构得以生根的基础。这三者在一定的时间和空间内相互结合，使体育课程成为一个立体式的整体结构。

（三）我国体育课结构

体育课的结构是指构成一节课的几个部分和各个部分的内容安排顺序、组织教法以及时间分配等。它主要是以人体的生理机能活动能力

变化规律为依据,受体育教学特点制约。

1. 初小阶段(1—3年级)

根据少儿好动和身体活动能力可塑性大的特点,以多样的、非规范性的身体活动内容为主要的内容结构,即以动作教育为主进行课程设计,尽可能地扩展、丰富学生的"动作语言",发展少儿的灵活性和协调性,还应最大限度地满足小学生对多种运动的好奇和参与兴趣,同时进行趣味性强的身体锻炼,为下一步较正规的运动技术学习做好准备。

2. 高小阶段(3—6年级)

应开始比较正规的运动技术学习,因为此时的学生兴趣焦点已经开始转向正式的运动项目,而且他们也具备一些从事这些项目技术学习的身体技能基础,但这时的教材不应是面面俱到的,而应精选一些有代表性的、基本的运动技术,并根据学生伴随生长发育而出现的各种素质的发展时期,有侧重的安排结构,此时的身体锻炼应着眼于运动素质的培养。

3. 初中阶段

到了初中阶段,学生受到新闻传媒的影响和对文化追求的心理,会越发对时兴的运动竞技发生兴趣,而且这段时期是他们身体技能全面发展的时期,应在这个阶段向学生较全面地传授各种常见的运动项目的技术、战术及战略,使其技能得到稳步提高,身体同时得到锻炼(锻炼应注意全面性)。这时更应使学生理解运动的意义,使学生体验运动中的真正乐趣。

4. 高中阶段

到了高中阶段,应根据高中学生的志向分化的倾向,允许学生根据自己的特长和爱好有选择、有侧重地对某些运动技术进行深入的学习,并逐步形成个人的专长,形成定向爱好,与其毕业后的体育锻炼相衔接。在这个阶段的学习中,要提倡文化性,让学生理解体育的深层意义,使其了解社会体育的现状,学会将来步入社会后参加体育活动中进行身体锻炼所必需的方法。

5.中学阶段

到了中学,则应给学生以更大的选择自由,让他们能自主地从事所喜爱的体育活动(身体锻炼融于其中),并将体育学习与俱乐部活动、校内生活与社会体育相联系,使中学生的体育学习更接近他们未来的体育生活,在丰富体育实践中,养成从事体育活动、参加体育锻炼的能力和习惯。

把这五个阶段有机地编织在一起,使其互为基础、互为发展,做到更有重点,各尽其职,就可能形成一个"基本活动能力培养—基本运动技能的形成—运动技能的全面发展—专项运动技能的发展和综合能力的提高—特长体育技能的获得和综合体育能力的形成"这样一个较为完整的课程结构系统,而其他的课程目标,如身体的、情感的、人格形成发展的任务,可以根据各部分的要求来分层次、有侧重地融合在结构之中,以确保学生在学校体育教育的全过程中学有重点,确有所获。

第二节　中学生体育课程资源开发与利用

我国是多民族国家,不同民族生活在不同的区域空间,地域间的自然环境、风土人情、文化背景和教育传统存在很大差异。中学体育是现代教育的重要组成部分,如何最大限度地挖掘、开发与利用体育课程资源,促使所有学生达到体育课程标准提出的目标要求,为社会主义现代化建设培养人才已经成为一个重要的课题。

一、中学生体育课程资源的开发

(一)根据课程目标要求开发利用中学体育课程

体育课程资源的开发在体育课程改革中起到了"加油站"的作用。我们一线体育教师在平常的教学与实践活动中,要善于开发与利用体育课程资源,因地制宜地开发和利用学校现有的体育资源,这样既解决了学校的体育课程资源欠缺问题,又让学生在学校这个"家园"里,愉悦地锻炼身体,达成学习目标。

（二）不断完善体育课程内容,打破课程资源单一结构

在新课程理念指导下对体育课程内容进行开发和利用的过程中,竞技运动项目的开发是最为关键的,要对其进行科学的开发利用,对于中学来说,学校要不断满足社会的需求,根据社会的发展状况多开展满足社会发展需要的运动项目。同时,也可以根据当地的具体情况,选择适合自身的教学目标,在教学目标的指导下,不断完善学校体育教学的教学内容,也可以自编教学内容,丰富教学课程,增进学生体育学习的热情。

（三）提高校外体育课程内容资源的质量

随着学生入学数量的增多,校园内的场地器材数量有限,学校内部的体育课程内容资源得不到满足,针对学校外面优美的山川河流以及得天独厚的沙滩海水资源,学校及体育教师要在丰富的自然资源的基础上进行校外体育课程内容资源的改造,合理进行组织和领导,提高校外体育课程内容资源的质量,弥补校内体育课程内容资源的不足,完成教学目标,提高教学质量,激发学生对体育课程内容的兴趣。

二、开发利用体育课程资源的途径和方法

（一）校内现有资源的开发与利用

1.发挥体育器材的多种功能

体育器材一般都具有多种功能,只要转换视角和思维方法,就可以开发常用器材的许多新功能。例如,栏架可以用来跨栏,也可以用作投射门,还可以用作钻越的障碍等。跳绳既可以用来做绳操,又可以做各种跳跃练习;既可以用来拔河,又可以安排接力游戏;既可以打成绳结进行投掷,又可以做抓尾巴、开火车等小游戏。小皮球和体操棒可以进行垒球比赛;高跷可以用来做竹竿舞和做扁担抬;体操垫可以做各种跳跃练习,也可以做沙袋做拳击练习,两人或多人一组做拖、拉活动等。

2. 制作简易器材的利用

教师根据学生生活经验、项目特点、学校实际情况,充分发动家长和学生的主观能动性,利用一些废旧物、生活物品、生活设施和生产工具等制作简易器材,不仅可以解决体育器材不足的困难,改善教学条件,也可以培养学生的动手能力和创造能力。例如,用废旧的竹竿和橡皮筋制作栏架;用废旧足球棉纱和沙子等制作实心球;用废旧的棕垫、帆布制作沙袋;用小饮料瓶制作拉力器,可进行"扯大锯、拉大锯"游戏;用八宝粥瓶做成"竹筒",进行"踩竹筒"游戏;等等。此外,在自制"器械"的过程中,学生受到了教育,他们的体能得到了锻炼,同时也激发了他们的兴趣,使他们的创造思维得到了发展。

3. 合理布局学校场地、器材

根据学校实际状况,最大限度、最有效地利用学校体育教学设施,为学生的体育活动提供物质保障,这就要求体育器材必须合理布局,便于学生使用。

第一,组建多功能活动区。根据学校各年级学生平均身高,设置单杠、双杠、天桥的高度,增设跷跷板、太空漫步器、晃动车等休闲活动器材,使多功能活动区成为学生最喜欢的场所之一。

第二,把田径场边水泥路命名为体育路,并在路上布置了"造房子""单双圈",还有立定跳远的测试区、实心球测试区等传统游戏图案,使它成为真正意义上的"体育路"。

(二)课外和校外体育资源的开发与利用

体育课程改革一个重要的理念就是"健康第一",强调以学生为本。但是,以学生为本并不排斥学校要为社会培养人才,毕竟学校的一个主要任务,就是要为社会输送合格的社会成员,从社会需求的角度开发课程资源,培养学生体育方面的素质,可以让学生将来较好地适应社会。

第一,人力资源的开发与利用。课程标准明确指出:学校教育活动的直接参与者是教师和学生。在体育与健康课程实施过程中,除了体育教师以外,还应注意开发和利用班主任、有体育特长的教师和校医等人力资源,充分发挥他们的作用。为此,在体育教学中为了调动学生学习的积极性和增加学生的体育知识,可以经常邀请校外的社会体育指导员和医院的保健医生,请他们辅导学生进行体育活动、讲解相关的体育卫生知识。同时,充分发挥家长对学生体育活动的督促、帮助作用。

第二,周边体育设施资源的开发与利用。课程标准指出,体育场地、器材是加强素质教育、提高体育教学质量、增进学生健康的物质保证。学校应充分发挥现有体育设施的作用,同时要努力开发它的潜在功能。但是,农村学校由于受到客观因素的制约,特别是场地、器材的限制,连最基本的场地、器材都达不到要求,怎能进行新课程的实验呢? 应针对课标的要求,充分开发与利用学校周边的一些场地资源。

第三,体育信息资源的开发。充分利用各种媒体如广播、电视、网络,获取体育信息,不断充实和更新课程内容。由于地区的差异性极大,在条件相对较差的学校,也可以利用教学挂图、黑板绘制简图等提高教学效果。

第三节　中学生体育课程模式构建

一、中学生体育课程模式构建的背景

中学生体育课程模式构建是新一轮体育课程改革与实施的重要保障,也是以学生为本的新课程标准理念得以实施的支持环境,没有与新课程匹配的体育课程模式,丰富多彩的体育课程教学就无法实现,体育课程目标就无法达成。中学生体育课程模式构建时,要始终贯彻这一指导思想,并使它更加丰富和完善,促进学生全面发展。实践证明,合理科学的构建中学生体育课程模式,给课堂教学实施带来了我们意想不到的教学效果,学生的学习兴趣、学习方法、学习能力都有了很大的改观。继续坚持和不断改进中学生体育课程模式,以学生的需要和实际为出发点,那么我们的课堂教学将焕发出更新更强的生命力。

二、体育课程模式的生成方式与过程

课程模式之间是不完全相同的,虽然构建的步骤基本相同,但是课程模式的生成方式却有所区别,有的课程模式是自行创建的,有的模式是建立在原有的基础上并有所创新的,还有的是在大的课程模式中又有小的模式。总结以上规律,我们提出了课程模式的生成方式共有三种,分别是原生课程模式、派生模式和子项模式。

（1）原生课程模式。这种课程模式是通过对特定对象进行系统分析,在归纳和演绎的前提下,创造出的原来不存在的课程模式。如深圳中学的教学俱乐部模式,长城旅游学院的成套拓展定向组合课程模式。

（2）派生模式。它也是通过对特定对象课程的系统分析,但它借助已经建立的课程模式,派生出新的模式。例如镇江船舶学院的自主构建模式是在原来的基础上创建的。

（3）子项模式。它是在对体育课程进行系统分析的基础上,提出一个课程的基本模式,以这样的基本模式为母体,在基本模式允许的范围内,构建出新的课程模式。

不同的课程生成方式表明中学体育课程模式构建完全可以根据自身情况自行创造,也可以借鉴别的学校的经验和模式进行再创造,也可以根据有关规定,以基本模式为基础创造出新的模式。现阶段我国中学体育课程已经呈现出一种多元化的状态。

三、构建中学体育课程模式的步骤

在构建每一所学校的具体体育课程模式时,力求每所学校都要构建符合本校实际的个性化的课程模式。从目前来说,一个课程模式完整的构建应包含以下五个步骤:理念更新、目标整合、学科构建、生理构建、心理构建。以这五个方面为基础构建体育课程可以完整地设计出适合本校特点的个性化的课程模式,这种模式具有操作意义。

（一）理念更新

在近年来的中学体育课程的发展过程中,中学体育改革理念发生了巨大的变化。可以说理念的更新改变了过去指导纲要的要求,在构建课程模式的过程中出现了多元化、多样性的特点。但是,对于具体学校来说,当要建立适合本校特点的课程模式之时,此时的理念更新并不是只照搬《指导纲要》中提出的理念,而是以《指导纲要》提出的理念为依据,提出各校有个性化特征的、符合本校实际的新理念。

我们绝不能忽视理念更新在构建体育课程模式中的重大作用,往往对某一课程模式进行命名时,其名称反映的是符合本校特点的理念更新,既符合《指导纲要》的共性理念,又反映学校特点的个性理念。例如,北京中学的"完全开放式课程模式"、上海交大的"立足需求,构建整体改革、立体运作课程模式"、长城旅游学院的"定向拓展,成套组合"等,这些课程模式的名称往往集中反映了理念的更新。

（二）目标整合

作为实施体育课程标准的操作思维方式,包括分解和整合两个方面。当我们要介绍体育课程的目标体系时,可以把目标进行分解。例如,《全国高等学校体育课程教学指导纲要》中就把课程目标分为了总目标和具体目标。具体目标包括基本目标和发展目标的五个领域:运动参与目标、运动技能目标、身体健康目标,心理健康目标,社会适应目标,这是认识课程目标体系的必要途径。但当我们构建体育课程模式时,就不能再采用分解的办法,也不宜采用对号入座的办法,而是要实现对课程目标的整合,把课程目标和学校的客观条件结合起来,和学生实际结合起来,根据教学的经验,对目标进行选择和整合,最终使课程目标转化为有利于操作的学习目标,这也是课程实施中的重要整合。中学体育课程目标整合的具体含义就是结合学校的培养方向、学生和学校的发展需求以及学校具体发展目标对体育课程目标进行重新设计,使目标更加正确、切实地反映学校体育课程的目标。

（三）学科构建

体育课程的学科构建是指体育课程的内容构建和实施以及评价,具体包括四个部分:一是教学内容分类、选择的原则与方法;二是单元构建;三是教学组织形式;四是课程评价。

（四）生理构建

所谓生理构建,是用生理学的知识来构建体育课程模式,一般包括两个方面:一是安全健康地从事体育运动,养成科学锻炼的习惯;另一方面是指把运动处方引进体育课程领域,使每个学生的体育锻炼适合学生个体的生存发展条件。学校也已经开始重视学生科学的锻炼和进行自我评价。

（五）心理构建

心理构建是指用心理学的知识进行课程构建。在我国众多的体育课程教学模式中就有所体现。比如，快乐体育教学模式、成功体育教学模式，创造教学模式等。这些模式均是建立在认知心理学基础上，讨论的是学生的心理发展问题。体育课程模式不仅要建立在心理构建的基础上，同时还应当考虑学生学习过程的生理构建。

第四节　中学生体育精品课程建设

目前不少学校的体育课程成为学校课程中最受欢迎的课程，有的成为国家级的精品课程，这种变化也更进一步地推进中学体育课程模式的构建。在深化课程改革的过程中，为了发扬学校自身办学优良传统，同时又能践行素质教育，成为具有特色的品牌学校，从学校的实际出发，从学生的需求出发，从社会的期望出发，提出"以人为本，厚德博学，人人成为'千里马'"这一富有时代特色兼具人文情怀的办学理念。学校坚持"建构科学而适合本校学生的课程"的课程理念，根据加德纳（H. Gardner）多元智能理论，着力打造七个板块的选修课程系列，由此促进学生在数理逻辑、语言文学、体能运动、探究创新、人际情商、音美艺术、史学哲学等方面智能的全面而富有个性的发展。体育精品课程对于规范体育精品课程建设具有重要意义。学校在多样化选修课程的体育精品课程中注重制定选修课程的开发、审定制度，班级管理制度以及师生考核评价制度。

一、以人为本，办高品质特色学校

从概念上来讲，"体育精品课程"源于工程学，引入教育领域，主要指站在较高战略点上，统筹协调各方面因素，整体性、系统性地解决教育问题，强调解决问题的规划性、科学性、关联性、系统性。选修课程体系的体育精品课程,实质上是一种创新,是一个复杂的主客观多维博弈的过程,也是一种尊重现实的过程。

（一）新课程改革强调多样化选修课的背景分析

从世界范围看,选修课的确立和发展经历了100多年的历史（选修课萌发于19世纪德国的柏林中学）。19世纪20年代,德国中学的选修课经验传入美国中学,得到了较快的发展。到了19世纪末,选修课制度移植到中学,揭开了中等学校选修课的序幕。20世纪以来,我国曾多次提出开设选修课的问题,但由于诸多历史、现实的原因,均未能真正实施。新一轮高中课程改革将选修课列入"课程改革方案",切实加以实施,揭开了高中选修课的新篇章。

浙江省新课程改革已经如火如荼进行了多年,其中选修课程体系的改革与建设是近年来新课程改革中的一大亮点。"浙江省深化普通高中课程改革方案"于2012年秋季开始在全省普通高中全面实施,主要内容之一是"减必修、增选修",旨在进一步推进普通高中特色化、多样化发展。选修课在尊重学生自主选择权的基础上,充分调动学生的学习兴趣和主动性,满足学生个性化、多样化的学习需求。选修课的实施有利于高中生知识技能的拓展和创新意识的培养,体现了素质教育的人才培养理念。

（二）多样化选修课程体系建构的SWOT分析

多样化选修课程的构建,要注重主客观条件的分析,把背景分析纳入进来,以奠定体育精品课程的基础。办学理念、办学目标是学校教育哲学的体现,但具体到多样化选修课程的构建必须从学校的实际出发,好高骛远不如脚踏实地。在做体育精品课程时,要对相关问题进行调研,并邀请专家进行指导分析。采用SWOT分析法,从硬件设施、学校生源、师资力量、社会资源、家长态度等方面,分析其背景,全方位考虑其优势、劣势、机会、挑战。以下为体育精品课程中的背景分析,其中S代表Strength（优势）,W代表Weakness（劣势）,O代表Opportunity（机会）,T代表Threat（挑战）。

硬件设施是支撑选修课程的物质基础,包括场地、教室、实验器材、工具,材料等。在创办综合高中的过程中留下一些硬件设施,这对于开展手工制作类的选修课程发挥了很大的作用。

学校生源是体育精品课程建设的主体力量。选修课程要满足学生的学习需求，适应学生的个性发展，必须从学生的实际情况出发，考察他们的兴趣爱好、潜力特质。

师资力量是体育精品课程建设的主导力量。教师能开什么样的选修课程取决于他们的积极性、专业发展水平等，因此，学校要为提高教师课程开发的专业能力方面提供条件，让他们在学校课程体育精品课程的指导下开发各具特色的选修课程。

社会资源是体育精品课程建设的校外支持力量。开发选修课程是一个综合工程，必须取得社会力量的广泛支持，如社会机构、专业团体、企事业单位等。这些社会力量有非常丰富独特的人力资源和物质资源，可以满足多样化体育精品课程建设的需要。

家长资源在体育精品课程建设中也发挥着举足轻重的作用。家长对选修课程的态度、期望等关系到选修课程能否形成合力。另外，家长的特长在某种程度上也可以为体育精品课程建设助一臂之力。

俗话说"巧妇难为无米之炊"，背景分析在体育精品课程中可以起到"知己知彼、百战不殆"的作用，使得体育精品课程建设量力而行，脚踏实地，稳步发展。

二、"人人成为千里马"的办学理念

办学理念是学校在长期教育实践中形成的理想追求、思想观念，是关于学校整体发展的理性认识和价值追求，反映了学校在育人方面的深层次的哲学思考。现代教育制度下的每个学校，都有自己的办学理念，形成了属于自己的学校精神，为践行教育思想，实现办学理想和发展目标提供精神动力和信念支持。因此，体育精品课程建设必须融入学校办学理念。唯如此，才能形成学校的办学特色。

（一）"千里马"的办学理念

在新形势下，在深化课程改革过程中，为了发扬学校自身办学优良传统，同时又能践行素质教育，成为具有特色的品牌高中，学校提出"以人为本，厚德博学，人人成为'千里马'"这一富有时代特色兼具人文情怀的办学理念。

"以人为本"体现"一切为了学生、为了学生一切"的办学思想，注重人的主体地位、主体精神,从学生的需求出发、从学生的发展出发,打造适合学生的课程体系,使每个学生在新的课程体系中"学有所爱、学有所乐、学有所成",使每个学生都能得到和谐发展。

"厚德博学"克服片面追求升学率的倾向,在学习文化知识的过程中,把学生培养成具有人文素养,具有社会责任感,具有世界意识的现代公民。在课程建设中要体现"目标层次化、内容多样化,教学个性化、评价多元化"的富有学校特色的课程体系,从而促进学生自主选择,满足学生不同学习的需求。

"人人成为'千里马'"让每个学生成为最好的自己,在多样化选修课程体系中学会学习、学会生存、学会做事、学会沟通,做好生涯规划,服务人生、服务社会,创造未来。学校坚持教育面向未来,突出积淀作用,注重中学教育的基础性,从学生的实际和社会的需要出发,为学生的终身发展奠基,为社会进步奠基。

(二)办学理念与选修课程的有效融合

加德纳多元智能理论认为:智能是一种生物生理潜能(biopsyehological potenrtial),强调它与文化环境和社会需求之间的密切联系,认为只要某种能力在一个文化背景中被视为是有价值的,这种能力就应被确定为智能。加德纳多元智能理论认为智能不是单一的,怀疑通用智能(general inelligence)的科学性,认为每个人无论属于哪一种族,拥有何种肤色,家庭财富多寡,与生俱来都拥有八种以上既各自独立存在又相互联系的智能。加德纳提出人类的八种智能:语言智能(linguistie inelligence)、逻辑数学智能(logical mathematical itelligence)、音乐智能(musical itelligence)、身体动觉智能(bodily kinesthetic inelligence)、空间智能(spatial inrelligence)、人际智能(interpersonal itlligence)、自我认知智能(intrapersonal inelligence)和自然认知智能(naturalist itelligence)。

"人人成为'千里马'"的办学理念得益于加德纳多元智能理论。在课程深化改革背景下,学校致力于转变育人模式,根据加德纳多元智能理论,着力打造七个板块的选修课程系列,由此促进学生在数理逻辑、语言文学、体能运动、探究创新、人际情商、音乐艺术,史学哲学等方面智能的全面而富有个性的发展,学校办学理念有机融合体育精品课程建设,使选修课程的七个系列在不同侧面体现"以人为本,厚德博学,人人成为'千里马'"的办学理念,体现了学校在课程建设中特有的教育哲学思考。

扬"千里马"精神,办高品质学校的办学追求。根据国家中长期教育改革和发展规划纲要的要求,未来的高中教育在促进健康合理的公平发展、均衡发展基础上,必将呈现多元化和特色化的趋势。"浙江省深化普通高中课程改革方案"提出"必须深化普通高中课程改革,推进普通高中多样化和特色化发展,为每个学生提供适合的教育,以满足不同潜质学生的发展需要"。普通高中多样化和特色化发展关系到学校特色的形成,而学校特色的形成又取决于学校如何确定自身的办学目标及育人目标。有鉴于此,在课题研究过程中,从学校的文化传统到内外环境,深入探讨办学目标和育人目标,旨在促进体育精品课程建设能真正转变育人模式,实现特色化发展。

三、以增强体质为主

中学体育课程设置不仅要"以人为本",不断提高学生的综合素质,而且要将"健康第一"作为指导思想,进一步增强学生的体育理念,使学生树立"终身体育"的意识,养成良好的体育锻炼习惯,促进学生身体素质的普遍提升。

以增强体质为主的体育课的内容不是运动专项技术,而是增强体质的运动形式内容和手段方法,是体操中的屈伸、举振、悬垂、回转,田径中的走、跑、跳、投,球类运动中的传接运投以及其他身体运动。要按学生身体形态机能和能力的实际情况与需要来选择配备这些身体运动。怎样选择配备,其中有较强的科学性,要把配方道理和方法的知识纳入教材教给学生,让学生学会健身运动配方。

在剂量标准上(运动到什么程度),有较大的学问。这主要强调运动的强度、频度和时间要适度。这也是健身课的重要教学内容,不像运动教学课的运动量和密度只由教师掌握,要把这种方法和道理教给学生,让学生自己能掌握。

增强体质的运动形式是让学生按自己所用的运动配方(包括运动内容和剂量)尽情去运动,可以各做各的,也可以分组进行。现在已形成了一个节省时间方便有效的方法,叫作"设站循回运动"的方式。在临近的场所设几个乃至十几个内容不同的运动站,让学生逐站循回按自己的配方流水般地去运动。

增强体质的运动方法,主要有负重、重复、连续、间歇。变换锻炼等,这跟运动教学法的讲解、示范、练习、矫正等有本质差别。健身运动方法,不仅是教师用,也要作为教材内容教给学生,让学生会用。教学方法(讲、示、练、矫)是教师在教健身运动配方时所运用的方法。讲健身方法并不否定教学方法。

增强体质课的组织和进行跟运动技术教学训练课有些共同点,但也有所不同。不同点在于让学生按自己的健身运动配方顺畅地去进行运动,教师随着学生运动过程或个别或集中去指导,没有运动专项技术要领和细节的讲解、示范、矫正、试做的过程。

在计划考核方面,教师手里有登记每个学生身体形态、机能和能力以及各自运动配方的卡片,较简单,是个 16 开纸的小表,纵坐标是几项运动,横坐标是运动项目和负荷标准以及每次课和一个学期逐渐增加的数据,教师以此去指导检查考核。在这种课的教程中,已不再使用运动专项技术教学的进度表和教案。

第五节　中学体育教师队伍建设

学校教育担负着提高民族素质,培养德、智、体全面发展的建设者和接班人的根本任务。

一、体育教师工作及其特点

中学体育教师的主要任务是培养中学生体育文化素养,终身体育意识与价值观、基本运动能力与健康方法、基本体育知识以及从事体育锻炼、体育娱乐与欣赏体育比赛的能力等。中学体育教师所面对的教学对象是生长发育几近成年人的中学生,学生的主体意识与独立性较强,对教师的指导和帮助没有依赖感。师生的互动性、学生的主体性更强。相对于中小学体育教师而言,中学体育教师的科研任务相对较重,科研能力要求较高。中学体育教师承担高水平运动队的组织与训练工作,追求优异的竞赛成绩是其工作努力的目标之一。

二、体育教师的基本条件

一名合格的体育教师,其知识结构应具有多学科、厚基础、综合性和实效性的特征,这样才能够适应学校体育工作实践的需要(图 3-1)。

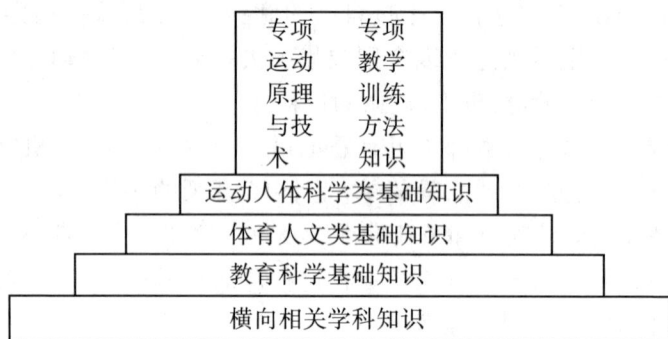

图 3-1 体育教师知识结构层次图

现代社会,人才竞争激烈,机会稍纵即逝。据一项调查资料显示,当代中国名人越来越具有推销自我的意识,这种意识对他们事业的成功具有很大的帮助。因此,体育教师有必要树立具有时代感的新形象,通过与不同部门人群的交流沟通,让社会了解体育教师工作的性质和意义,开创学校体育工作的外部条件与环境,展示体育教师各方面的才能。而且,体育工作本身也是一项最具广泛群众基础的工作,学校体育不仅是体育教师的事,而且与班主任、少先队、共青团、后勤管理等部门发生多种联系;不仅要面向全体学生,也要面向社会,因为广泛的社会接触既有利于对学生的教育,也有利于全民健身计划的更好实施。

体育教师应具备的业务能力,见图 3-2。

三、体育教师角色的定位

在体育教学设计上,正在实现由以教为中心向以学为中心的转移,教师与学生的地位在课堂教学中发生了明显的变化。作为中学体育教师,其角色该如何定位?我们拟从现代体育教育思想的转变中来看待这一问题。

```
                        体育教师必备业务能力
        ┌──────────┬──────────────┬──────────┬──────────┐
    教育与教学      运动训练与竞赛组织      科研与创新      社会交往
```

| 制定教学文件 | 钻研教材教法 | 进行体育课教学 | 组织安排群体活动 | 选材与训练 | 组织各项竞赛 | 设计规划场地器材 | 掌握并应用科研方法 | 撰写科研论文 | 合理选择课题 | 独立思考与批判 | 参与组织群体活动 | 民间体育竞赛 | 社区体育指导 |

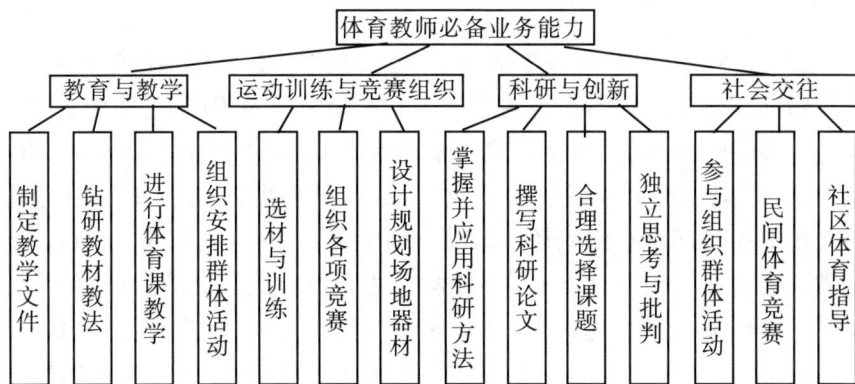

图 3-2　体育教师应具备的业务能力

（一）学生自主学习的引导者

在"授—受"式的教学中,教师的作用只是牢牢控制住学生,传授现成的知识(技术),教师是知识的输出者,学生被动接受教师的输出。但是,输出的量并不能决定输入的质。学生只有通过自己的头脑加工后才能转化为自己的知识,因此,现代教育突出了学生的主体性教育。现代体育信息来源渠道越来越宽广,网络、媒体无时不在传播着体育信息健康知识,体育教师不再是知识的唯一拥有者。同时,中学生具备了借助现代媒体信息了解体育与健康知识的能力,具备了自主学习的条件。

（二）体育文化的传递者

目前的中学体育教师中,不少人运动技能高超但文化素养欠缺,在运动技能传授中有丰富的经验,但是缺乏对体育文化的发掘,或者是一个训练的专家,教学中重视体质或体能,却对健身技能和方法上把握不足。中学体育课程明确了提高中学生的体育文化与体育欣赏能力、培养健身技能与方法作为中学体育课程的目标之一。这就意味着,中学体育教师应该具有较高的文化修养,较宽的知识储备,较强的运动技能。这种知识与技能基础,使他们不仅懂得挖掘体育的文化内涵,更好地传播体育文化,而且懂得培养学生的体育观赏水平;不仅传授运动技能,还要传授健康知识与技能,根据体育项目的特点创新健身的方法。

（三）教学关系的协调者

过去，体育教师作为教学活动的主宰，是维护课堂纪律的管理者，师生关系其实是建立在不平等的基础上的。中学生渴望理解，期望获得尊重，这种不平等的师生关系阻碍了教学信息的有效传递与反馈。因此，作为中学体育教师，从教育民主化、个性化的角度出发，应该站在学生的立场上思考问题和组织教学活动。师生关系、学生之间的关系可以通过教师有意识地分组进行调节，使学生之间既有竞争又有协作，师生之间在平等的基础上思考问题，形成多边的互动方式，既有利于信息的传输，提高教学效率，又能调控好课堂气氛，使学生在良好的学习氛围中学习知识与技能，通过多边的互动培养团结、协作、竞争的意识。

（四）道德教养的先行者

联合国教科文组织指出："由于家庭在道德和社会教育方面的不足，必须完善这方面的适当教育，必须组织他们每个学生的自学活动。教师不仅要做学生的榜样和向导，而且还要担任他们的顾问，摈弃传统观念赋予他们的师道尊严。"在美国，十分重视培养学生在体育活动中表现出的行为（诸如熟悉活动规则与程序、懂得协作、遵守体育道德、有礼貌积极地做出反应等）。他们认为这也是社会行为的一个缩影，是学生社会责任感的重要表现。通过体育活动，教师有意识地引导、培养、身体力行，在教学中进行学生品德与社会行为教育教养。

四、体育教师的专业素养

学校教育是实现教育方针的重要过程。体育教师在学校教育中的作用是有目的、有计划地向学生进行思想品德教育，传播社会主义精神文明。体育教师为我国竞技运动水平的发展所做出的贡献，已被社会所公认。

（一）体育教师的思想道德素养

1. 正确的人生观和世界观

体育教师作为人类灵魂的工程师，应有正确的人生观和世界观。正确的人生观和世界观正如大海上的航标,使体育教师具有优秀的品质和良好的个人修养,具体体现在师德、教态、教风、学识与能力诸方面,而教师的敬业精神、责任感无不对学生人格的形成和发展产生潜移默化的感染熏陶作用。

2. 确立终身体育教育观

在体育教育当中,体育教师应注重实用性体育教育,使学生在学校期间所获得的体育运动知识、技能及从事体育锻炼活动能适应将来的学习和生活环境的特点。使其在人生的各个阶段、各种不同情况下都能采用正确的方法手段保证自身的健康。如今,我国在体育教育中确立了终身体育教育观,因此,学校有了一份责任,就是传授学生从事体育活动,提高健康水平的技能,培养终身体育意识、习惯和能力。

3. 创新意识与发展意识

随着科学技术的突飞猛进,计算机网络越来越普及,未来的教育与课堂将发生变化,不学习就落后已成为普遍认识。面对新时代,体育教师没有满足的理由,要勤于钻研本学科的前沿知识,才能在教学中从容不迫地解决实际问题。只有不断地学习与接受再教育来提高自身素质,这样才能更好地对学生实施素质教育,所以,体育教师必须要有创新意识和发展意识。

(二)体育教师的知识素养

1. 精深的专业知识结构

作为一名体育教师,其专业知识应该包含体育科学基础理论,如人体生物学科、学科发展史、体育专业技术与理论、体育专业教育技术与理论。

2. 人文社会学科知识

体育是一门综合性的学科早就被人们认识。随着科学的不断发展和认识的不断深化,人们对体育的研究已从开始的教育和生理角度扩大到今天的社会、心理、文化等深层领域,体育人文学科随之产生,这是社会发展的必然结果,也是体育科学的发展所在。这些学科包括体育社会学、体育人类学、体育哲学、体育心理学、体育管理学、体育经济学、体育文化学、体育新闻学等。

3.体育与健康的知识

增强学生体质是学校体育的根本任务。然而影响学生体质的因素是很多的,因此,学校体育要走锻炼和养护相结合的道路,加强对学生的健康教育。21世纪的体育教师,应加强健康意识的培养,接受新的体育教学思想,提高健康教育质量的基本素质,这是学校体育发展的必然趋势。因此,未来的体育教师应把健康与体育的本质联系起来,必须掌握有关体质与健康学的基础知识。

(三)体育教师的能力素养

1.组织管理能力

体育教师的组织管理能力主要包括组织课外体育活动和课余体育训练的能力。

2.创新能力

教师具有创新能力,对学生创新能力的培养至关重要,有较高创新能力的体育教师能在更大程度上激发和培养学生的创造性。

3.科学研究与教学反思能力

日本教育家上寺久雄说:"教师成长和发展的第一步,就是在于教师自身的反思,教师自身对自身的评价和教师的自我改造。"教师的反思能力是指教师在教学过程中,把自我作为意识的对象,将教学活动本身作为意识的对象,不断地对自我及教学进行积极主动的计划、检查、评价、反馈、控制和调节的综合能力。体育课程改革完全打破了传统的以教学大纲统领教学活动的做法,而以新课标为指导,目标统领内容,自主选择教学方法,这在一定程度上要求教师具备教学反思能力。

(四)体育教师的身心素养

健康的体魄、健全的人格是构成体育教师职业素养的基础。体育教师要有健康的心理和很强的自控能力,在学生面前应当始终表现出情绪乐观、态度和蔼、表情亲切、举止潇洒、仪表端庄、言谈高雅、朝气蓬勃。体育教师既是学校体育工作的组织者，又是体育锻炼的实践者。体育教师以健康的体格和优美的姿态去感染学生，就是吸引学生积极参加体育锻炼的一种无形的感召力。

五、中学体育教师的培养

（一）体育教师的入职教育

体育教师入职教育是个体获得教师资格、进入体育教师职业领域后，为新体育教师提供一个时期的系统而持续的专门性教育阶段，是帮助新教师尽快适应教育教学工作，胜任体育教师职务工作的重要环节。体育教师入职教育的基本任务就是消除和缩小新任体育教师现有综合素质和教学能力与本岗位需要的综合素质与教学能力之间的差距，使之符合岗位工作的需要。入职教育的成功与否，决定了一名新教师能否顺利承担教师的职务和角色。

世界各国一般都很重视新教师正式上课之前的培训教育，设有专门的培训机构和专职官员负责培训。新任中小学教师一般到教师进修院校或教育中心接受培训。有些国家的中小学新教师，除参加校外新教师脱产培训外，大多是在校内由本校组织学习提高和认证。

新教师的入职教育是终身教育、终身学习的要求，是沟通教师职前教育与在职培训的需要。对于新教师来说，入职教育既是其职业生涯的导入阶段，又是其专业成长连续过程中的一个独特阶段。无论是从教师个体的专业成长还是教师群体的职业发展来看，对该阶段地位的提升都具有重要的作用。

体育教师入职教育的方式：

集中培训。集中培训是当地教育部门委托教育学院或教师进修学校对参加工作第1—5年内的初任教师进行体育教学常规和新的教育教学理论方面的集中培训。

指导教师方式。指导教师制是由教育部门或者学校安排有经验的教师通过对初任体育教师的教育教学实践进行辅导，是教育知识和经验传承的一种基本形式。指导教师的主要目的是帮助刚上岗的新任体育教师树立正确的职业信念、熟悉教材教法、学习体育课堂教学的基本规范、掌握基本教育教学技能，使其尽快适应教育教学。

（二）体育教师的在职教育

体育教师的在职教育是指对取得教师资格的中小学在职体育教师为提高思想政治和业务素质进行的继续教育和培训。它是提高体育师资整体素质、提高体育教育教学质量的关键。

短期专题型培训适用于所有地区、所有职级、所有继续教育阶段培训。短期培训需要与长期系统培训相结合，共同促进体育教师的成长。

第四章

中学生体育课程教学要素及发展

体育教学课程要素来源有知识、技能、经验、活动、战术等资源,体育课程实施所需的教学设施、设备、媒介等教学条件,体育课程资源的器械场所以及文艺演出、体育比赛、成果展示等表现方式均可以为社区体育课程开发直接采用。间接性是指体育课程资源必须经过体育工作者的有效转换才能为课程开发所用。依据体育课程要素的特点将其形成一个有机的组织体系是体育课程设计的主要任务。

第一节　体育课程教学目标及发展

一、中学体育课程目标定位

（一）激励学生主动学习，为学生创设探索的空间

爱因斯坦说：想象比知识更重要，让想象插上翅膀，让学生驰骋于想象的空间，无疑给学生提供了一个广阔的创新空间。在教学中，培养学生的创造性思维、激励学生的自主性学习，让学生去思考、去探索是新课改下体育教学改革的方向。

（二）用不同的教学方式激发学生学习兴趣与积极参与

体育课要围绕课程标准、教法灵活多变、气氛生动活泼来设置。为满足学生的个性追求，让每一节课上得有声有色，新课标要求我们在教学中，要遵循学生的学习是在玩中学、学中乐、乐中练、练中长知识。围绕这一理念，教师应采用灵活多样、生动活泼的教学手法。例如，情境教学法，即为一堂课创设一个情境，让每位学生都融入课的游戏情境中去，使学生感觉到他们是在游戏而不是在上课。新课程改革很重要的一点就是以问题带动兴趣，以兴趣解决问题。要充分调动学生的积极性，就是让全体学生积极参与到学习中来。

二、中学体育课程目标的结构

学校体育目标的结构体系各要素之间存在着明显的递进关系（图4-1）。下面对学校体育目标的结构要素进行简要分析。

（一）学校体育目标

条件目标、过程目标和效果目标是构成学校体育目标的三个主要因素。只有先将这些目标明确下来，才能更好地为体育教学目标的制定提供重要依据。

对学校体育目标的确立需要参考以下理论依据：社会发展的需要；学校体育的功能；学生身心特点与健康需求。

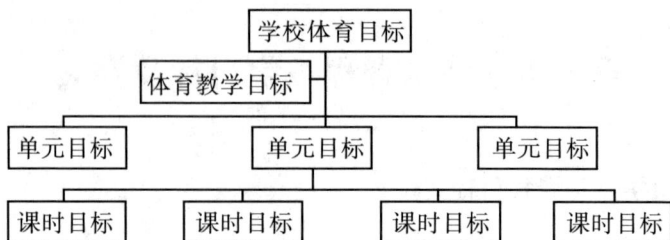

图 4-1　学校体育目标结构体系及递进关系

（二）体育教学总目标

以学校体育目标为依据而提出的体育教学实践活动的预期结果就是体育教学总目标，其具体由实质性目标、教育性目标和发展性目标组成。确立体育教学总目标，需要将这三类目标逐一制定。

（三）单元目标

单元目标是制订体育单元教学计划、开展单元教学活动的主要参考。依据学校体育教学任务，可将体育教学单元目标划分为图 4-2 所示的独立型、图 4-3 所示的阶梯型以及图 4-4 所示的混合型共三种类型。

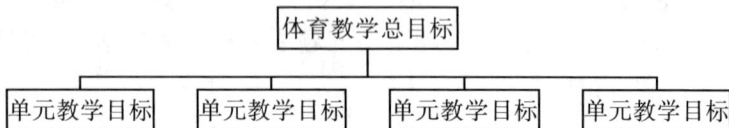

图 4-2　独立型体育教学单元目标

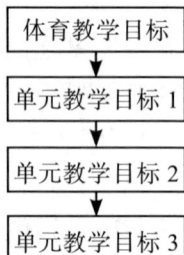

图 4-3　阶梯型体育教学单元目标

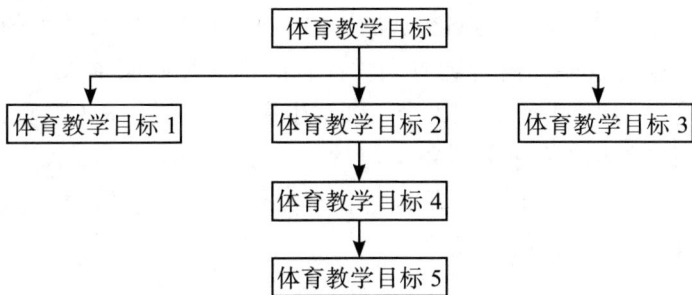

图4-4　混合型体育教学单元目标

（四）课时目标

体育课时目标是每节体育课的教学目标，是单元目标的具体表现形式，对每节体育课教学活动的开展具有指引作用。

三、学校体育目标的作用与意义

（一）增强体能，全面提高健康水平

人只有处于体能良好、机能正常和精力充沛的状态，才可以说是身体健康。学生如果拥有健康的体魄，学习效率会更高，会更容易适应环境，会感到生活很美好，生命非常有价值。因此，学校应通过开展丰富多彩的体育活动来促进学生身体全面健康发展（包括身体形态、生理机能、身体素质和身体基本活动能力等方面的发展），使学生适应自然环境的能力、抵抗疾病的能力进一步增强。增强体能，全面提高健康水平不仅对学生个体的成长有利，从更深远的角度来看，对中华民族国民体质整体健康水平的提高与改善具有重要的战略意义。

（二）习得运动技能，培养终身体育意识和能力

在体育学习与锻炼中，学生完成运动动作的能力就是运动技能，这是体育课程以身体练习为主要手段的基本特征的重要反映，是落实课程学习内容的主要途径。在体育与健康课程中传授运动技能，能够将学生的体育学习兴趣调动起来，使其体育学习的正确动机得到强化，进而使其养成体育锻炼的良好习惯，并形成终身参与体育锻炼的意识和能力。学习与掌握运动技能也是促进学生体质健康水平提高和学生心理品质

提升的重要载体。因此,强化运动技能的习得能力是学校体育的重要目标之一。运动技能的内容随着现代体育的迅猛发展而越来越丰富。学校的体育学习时间十分有限,所以,学生应该立足自身兴趣爱好、现实条件,有针对性地选择自己要学习的运动技能,经过系统学习,学有所长,将 1~2 项运动技能牢牢掌握。在学校体育中促进"校校有特色,人人有项目"的新局面的形成。

(三)促进立德树人,培育良好的社会观念和心理品质

作为教育事业的根本任务,立德树人强调教育事业不仅要向学生传授理论知识,培养学生的实践能力,还要在国民教育中融入社会主义核心价值观教育,使学生树立正确的世界观、人生观、价值观。在学校体育工作的整体过程中都要全面贯穿立德树人,对学生良好社会观念的形成加以积极的引导,并使学生学会将这种社会观念迁移到日常学习生活中,发挥积极效应。

对于现代社会中的任何一个人来说,心理健康与社会适应都非常重要,具体是指个体自我感觉良好,与社会和谐相处。随着社会的发展和科技的进步,人们的健康观念越来越趋于合理、科学,并且在不断强化。作为构成健康的重要因素,心理和社会因素直接影响身体健康。学生在有组织、有计划、有目的的体育学习中,能够养成坚强的意志品质、克服困难的不屈精神、正确的成败观以及良好的竞争意识和合作精神,从而能够形成良好的心理品质。

(四)挖掘和培养体育后备人才,提高其运动能力和竞技水平

我国实施体育强国发展战略,对大量体育后备人才的培养是必不可少的一个环节。一方面,竞技体育的可持续发展要求学校充分发挥自身在培养人才方面的优势与作用,贯彻体教结合,挖掘与培养高素质的体育人才,促进竞技运动发展;另一方面,社会体育的兴起与发展对体育爱好者、体育骨干提出了更高的要求。因此,学校体育工作中要注重对运动天赋好的学生的挖掘、组织、系统的课余训练,将其培养成优秀的体育后备人才,使这些人才在社会体育发展中发挥自己的作用,做出重要的贡献。

组织与实施学校课余训练,尤其要重视训练的基础性、科学性,具体要坚持适性、适时和适度等原则。

适性原则：课余训练要与学生的个体特性相适应,学生的运动天赋有各种类型,要将学生的最佳发展方向明确下来,优先培养。

适时原则：课余训练中要将最佳训练时机把握好,将学生身体素质发展的敏感期和运动技术学习的最佳时期找准并加以确定,争取在最佳发展期通过训练取得事半功倍的效果。

适度原则：对课余训练的内容和负荷要科学安排,要立足学生的身心发展基础和现实需要,不可急功近利、不切实际地拔苗助长。

第二节 体育课程教学内容及发展

一、体育课程教学内容概述

课程内容是课程体系的直观体现,是课程的基本要素,课程内容的性质特点将直接反映课程的性质和特色。因此,要确定体育课程的内容,首先要对体育课程内容的性质有一个全面的了解和认识。体育课程内容是整个教育内容的有机组成部分,具有同教育内容所共有的性质。但是体育课程内容与其他学科的课程内容又具有极大的差异,这种差异表现为体育课程的动态性,即体育课程内容主要由体育运动项目和各种身体练习构成,并且与身体的实践活动紧密相关,因而它又具有自身特性。

课程内容的基本要素是知识,因此,课程内容的选择必须考虑人类科学文化知识和技术本身的特点及其发展趋势。

首先,体育的基础理论知识和运动项目是体育课程内容选择的直接来源,其发展水平制约着体育课程内容选择的范围。体育知识越丰富,运动项目越繁多,体育课程内容的选择范围就越广泛,人们在选择与组织课程内容时需要做的技术上的考虑就越多。如何从浩如烟海的知识总库中选择最基础、最有代表性、价值最大的体育理论知识和运动项目就成了体育课程内容选择过程中最重要的技术环节和步骤。

其次,体育知识和运动项目的发展和更新速度制约着体育课程内容的发展和更新速度。体育知识发展的速度越快,新兴体育运动项目发展越迅速,体育课程内容的更新就越快。但是,课程本身应具有的相对稳定性的特征使得体育课程内容的更新既要符合体育运动知识的更新速度，又要考虑体育课程发展过程的可持续性。也就是说，体育运动项目的学习不仅仅是为了掌握这种运动项目本身，更重要的是要为将来的学习和发展奠定基础。

最后，知识的结构制约着课程内容的结构。知识本身是具有结构性的，包括横向结构和纵向结构。知识的横向结构是指一门学科的知识，包括事实、概念或术语、原理、体系等要素，不同学科的具体构成要素不同；知识的纵向结构是指一定的知识是建立在相关知识基础之上的，同时它又是其他知识的基础，这种纵向的关系因学科不同而不同。无论是横向结构还是纵向结构，都会对课程内容的选择和组织产生重要影响。

总之，课程内容的选择依据和影响因素是多方面的，在课程内容选择时，要正确处理社会、学生和知识等因素之间的相互关系，使其处于均衡状态，过分强调某一个方面都会使课程内容具有片面性。

二、中学体育课程内容的发展

（一）转换传统的教学思想

建设学校体育教学内容体系最重要的是首先转变传统的教育思想，以落实健康第一为首要目标，以培养学生的体育能力为核心。追求新时代的体育教育思想观念，促进学生早日养成良好的体育运动习惯，形成终身体育的意识。学校的体育教学内容体系建设需要在此基础上经过一系列的优化与改革，将我国的体育教学内容与时代发展紧密结合，以社会对人才的需求为依据，培养出符合时代需要的全面发展人才。

（二）建设多元的内容体系

建设学校体育教学内容体系需要从健身、文化、民族、传统等几个方面着手，在培养学生掌握基础的体育知识与技能之外，更重要的是让学生从多个方面培养自己的体育素养，学习体育文化、体育历史，以及体育对社会经济和政治的影响，体育对民族性和继承性的作用等，具体体现在以下几个方面。

1.健身性和文化性相结合

学校的体育教学，是以提高学生的身体素质、发展学生的体育技能为基本任务。同时,在教学中要加入体育文化的内容,让体育教学不仅仅聚焦于学生身体层面的锻炼,还要对其认知层面和文化层面进行建构,让学生对体育的认识和掌握是立体的、全方位的。无论是中国的传统体育还是西方的竞技体育,都蕴含着丰富的、对学生成长具有重要意义的体育文化和价值观,这些也是体育教育的宝贵资源,应该合理地加以利用。

2. 实践性与知识性相结合

体育是一种运动科学,需要通过实践进行学习和掌握,因此在构建体育教学内容时不要忽视将实践性与知识性相结合。围绕着体育实践需要大量的、十分复杂的多个学科的知识,比如运动学、营养学、医学、心理学等。通过对这些知识的教学,不仅可以提高学生对体育的认知和兴趣,还可以拓展学生的知识图谱、开阔眼界,为他们今后的学习和生活提供更广阔的视野。并且,学生可以在体育实践中不断地验证自己的所学所悟,从而产生深刻的理解,构建知识的闭环。

3. 继承性和发展性相结合

学校的体育教学内容体系并非一成不变,其本质上是在继承的基础上进行不断的发展,因此具有继承性和发展性的特性。体育教育的使命是对人类优秀的体育文化的传承,并在此基础上不断地发展、更新、与时俱进地进行迭代和演化。只有这样,我们的教育才能够培养出更加符合国家和社会要求的人才。

4. 统一性与灵活性相结合

在构建体育教学内容的时候,要注意将统一性和灵活性相结合。高校的体育教学需要符合高校的整体教学目标和任务的要求,符合社会对未来人才的普遍预期,尽管新的教学形式、目标和内容都有别于以往的体育教学模式,但是在整体上还需要具备一定的统一性。在具体的实践中,又可以结合不同的主客观情况进行调整,以便做到充分尊重学生的个性特征、学习方式、接受能力等,因此又具有相当的灵活性。

5. 与社会发展相结合

尽管教学活动紧张有序,师生的工作和学习都非常刻苦,但是与现实社会的衔接总是不能尽如人意。它主要体现为学生在学校所学的知识和技能并不能直接地运用在现实生活中,常常被诟病为"纸上的学问"。因此,学校在构建教学内容体系的时候,需要与社会实际相结合,教学内容不能远离学生的实际生活和真实的社会环境,不能脱离社会的实际需求。我们的体育教学内容不仅要做到发展学生的体育运动能力,还要与社会发展相结合,要紧扣时代发展的脉搏。

第三节 体育课程教学方法及发展

一、中学体育教学方法的概念

体育教学方法是为了实现体育与健康教学的目标,根据教学内容、教学对象、教学环境、教学条件等因素,激发、组织、指导学生进行体育与健康学习活动所采取的,有计划的教与学活动方式的总称。

表4-1 体育教学方法层次

层次	实质	举例
教学方略（模式）	教师运用多种手法和手段的组合进行教学的行为方式	其中包括提问、组织讨论启发等多种教学手法,包括模型演示、实地测量等多种教学手段
教学手段（技术）	教师运用一种主要的手法进行教学的行为方式	提问法 主要运用提问和解答的手法,达到教学目的的方法
教学手段（工具）	教师运用一种主要的手段进行教学的行为方式	挂图法 主要运用挂图的工具,达到某方面教学目的的方法

二、中学体育教学方法的分类

（一）系统性体育教学方法

系统性体育教学方法是指每个体育教学方法各具有一整套自成系统、比较成熟和完整的体育教学方法的理论知识体系和实践操作方法体系等,包括具有其教学理念、指导思想、运用原则、教学要求及其操作性层面运用的方式方法等,并形成了自己独有的完整的体育教学方法系统及其教学特色。体育教师掌握了某一种体育教学方法,在体育教学中能充分发挥这一种体育教学方法的功能和作用,容易使学生顺利地学习并容易达到体育教学目标。系统性体育教学方法非常多,如体育程序教学方法、体育快乐教学方法、体育启发教学方法、体育合作教学方法、体育情境教学方法、体育发现教学方法、体育探究教学方法等。

将整个教学内容游戏化、比赛化,使学生乐于参与、易于参与,并在较为兴奋的状态下达到教学的目的,根据学生的年龄特点,有感性思维较强,理性思维较差的特征,因此宜在教学中多应用示范进行教学,让学生多进行模仿练习。

例如讲解法教学:精讲多练,抓住重、难点。巡回示范教学:在学生进行练习时、巡回指导时,及时指出技术动作的错误动作,形成动力定型。

(二)体育程序教学方法

体育程序教学方法是指按照规定的教学程序方法把体育教学内容分成若干有规律的、在逻辑上完整的分子重新组合序列,依据体育教学目的、任务的要求进行体育教学的全过程。程序教学是一种严格按照心理学理论建立起来的教学方法。它是把体育教材分成连续的小步子,严格按照逻辑编成程序的一种自动体育教学活动的体系。

体育程序教学方法的指导思想是以控制论原理为根本,将学生掌握知识、技能与技巧的过程程序化,使学生按程序进行独立的、个别化的教学,使整个体育教学过程处于严格的控制之中。因此,这种体育教学方法不要求所有的学生同步,只要求最终达到同一个目标。

体育程序教学方法的基本理念是一种着眼于行为控制的教学模式,利用控制行为表现来达到促进学生体育学习的目的,是依据"刺激—反应"过程实现的。

依据条件反射原理,使程序教学具有操作性,而这种操作性体现在整个程序教学之中。普莱西和斯金纳认为,人类的学习也就是一种操作反应的强化过程,通过操作性强化,一个完整的新的行为可以被学会。要使体育教学或者体育训练获得成功的关键,就是要很精确地分析强化效果,并设计操作这个过程的技术,建立一个特定的强化系列进行有效的强化。体育教师应根据学生学习的目标,制定一个精确的教学程序,并在促进学生学习过程中不断地给予强化,使学生能顺利地向学习目标迈进。特别是体育程序教学方法运用于体育技术动作教学中,具有很好的效果。

1.体育程序教学方法的运用原则

(1)小步子原则

体育程序教学方法实施由于严格控制刺激,程序教学内容一步一步呈现,使学生一步一步地掌握体育教学内容,很容易使学生进行学习与掌握。小步子原则,主张程序教学内容的步子要小,以每一小步解决一个学习难点为宜,如学习与掌握了第一步教学内容才能进入第二步教学内容的学习,任何两个步子之间递增的难度一般都很小。同时还要确定好每一步子的教学要求和动作规格等。在高标准、严要求的体育教学下,做到步步准确,步步规格化,以确保学生掌握每一动作的质量。设计程序教学内容步子的大小,在大多数情况下,还需依靠体育教师的教学经验来考虑和编写程序。另外,在设计编制体育动作的教学程序时,要考虑充分利用现代器材、设备或特制教具等,最好能结合运用电化教学手段,从而达到事半功倍的效果。

(2)积极反应原则

斯金纳等人认为在传统班级教学的课堂上,一名教师同时要教许多学生,教师讲授知识或者给出信息,绝大多数学生只是消极的听众,不易做到普遍地、经常地在教学中做出积极的反应。另外教科书的内容也不能保证学生对每一小单元的信息做出积极的反应,但是对于程序教学法的每一教学步子,每位学生都要做出积极反应。在体育程序教学方法的实施教学过程中,要根据学生的实际情况来设计体育教学程序,以适合学生的学习水平,使每位学生能感兴趣而积极参与其中,并做出积极反应,有利于提高学习效率。积极反应原则是体育程序教学方法实施的一个重要原则之一。

(3)即时强化原则

即时强化是体育程序教学方法实施的一个十分重要的原则。斯金纳认为,强化非常重要,指出:行为之所以发生变化,是由于强化的作用,因而直接控制强化物就是控制行为。对学生体育技术动作的学习,就是通过一步一步地强化,才能塑造出动作的准确性和完美性。在体育程序教学方法的实施过程中,对实施的每一步都应及时捕捉与反馈信息,使学生及时获得做动作后的各种评价,清晰动作概念及强化正确的做法,利于改正错误动作、巩固正确动作,加快学习进程,所以正确地给予强化就显得更为重要而突出。

（4）自定步调原则

在体育教学过程中,学生的学习进程各不相同,尽管开始时在同一起跑线上,但随着往后各学生学习与掌握的情况会有很大的不同,会形成学习进程的参差不齐。体育程序教学方法实施的一个十分重要的原则就是自定步调,合理地根据学生的不同情况,按各人的学习情况,自定出学习的进度。通常,一位体育教师在体育课中同时要教许多学生,又要照顾个别差异,这的确是体育教学中的难题,但是,运用体育程序教学方法则不一样,它鼓励每一个学生以自己最适宜的速度进行学习,这种以学习者为中心的教学方法,允许学生自定步调进行学习,有利于充分调动学生的积极性和自觉性及其自我管理能力,有利于学生朝着统一的体育教学目标而各自努力奋进。

（5）低错误率原则

体育程序教学方法实施的一个十分重要的原则:低错误率。在实施体育程序教学时,在编制体育教学程序时就应该考虑到容易出现的错误或典型错误而力求避免,使编制的体育教学程序相对比较完善,使学习的小步子正确、科学,小步子与小步子之间衔接紧密无隙。学生在学习过程中总会犯有不同的错误,这时体育教师应遵循着动作技能形成的基本规律去进行教学,由主到次地纠正错误动作,或由核心错误到一般错误进行纠正。同时,体育教师要及时对学生犯有错误的方面进行负强化,而对做得正确的学生进行正强化,将学生易犯的错误降至最低限度及最低频率,以顺利地学习与掌握体育教学内容。

2.体育程序教学方法分类

体育程序教学方法运用的方式,可分为直线性程序教学方法和分支式程序教学方法两种。

（1）直线性程序教学方法

直线性程序教学方法是将体育动作教学或体育教材内容分成若干个小步子,严格按照一定的顺序一步一步地朝着目标直线式地进行学习。直线式程序教学方法的教学结构模式在应用时,如从第一步学习转入第二步学习时掌握不好,甚至犯有第一步学习内容中出现的错误时,就要退回到第一步进行重新学习或复习,待准确掌握后再进入第二步学习,由此而推,以此前进。这种直线性程序教学方法适用于技术比较简单的动作或教材内容。

（2）分支式程序教学方法

分支式程序教学方法是把体育动作教学有机地分开,即分成比直线式程序教学方法有较大的步子和下面有多重选择反应练习。学生学习第一个部分（第一步）主支时,根据学生学习的情况,如果学生接受能力较差,可先选择下面的多重选择练习,待学习掌握后再转入第一部分（第一步）主支上学习,或者再转入第二部分（第二步）主支下面的多重选择练习后再转入第二部分（第二步）主支上学习,以此进行。如果该部分或某部分哪个学习步骤出现问题,就退到该步骤主支或主支下面的多重选择练习,待正确掌握后再重新回到主支上学习,这样及时修正学生的错误,有利于调动与激发不同水平学生的学习兴趣。

分支式程序教学方法一般适用于一些较复杂的动作教授情况,动作的各个技术环节间非常紧密,则难以划分极小的步子时,可采用多重选择反应练习,即分支式程序。在应用时,如第一步学习掌握不好,可引入一个相应简单的辅助性步子（如 A 的 a、b、c）进行练习,待做好后再回到原来的步子进行练习,从而再向前进。分支式程序教学方法比直线式程序教学方法灵活,具有一定的选择性,可视学生的学习情况或学习能力而灵活地或针对性地进行。

（三）体育启发式教学方法

体育启发式教学方法是指体育教师在体育教学过程中将学生作为体育教学的主体,通过有效引导来促进学生的体育学习活动,以充分调动学生学习的内动力,积极思维,充分发挥体育学习的主动性和积极性,使学生主动地获取体育知识、技术和技能,同时发展学生的思维能力及其分析问题、解决问题和探究新问题的能力,从而促进学生身心健康地全面发展。启发式教学法是指学生在教师"启"的引导下,通过自己的思维活动,主动地去获取知识的一种教学方法。其实质在于调动内因,充分发挥学生的积极性、主动性、创造性,开发学生的智力,培养学生分析问题、解决问题和探究新问题的能力。

启发式教学方法要求体育教师树立正确的学生观,以学生为本,以充分调动学生学习的主动性、积极性为主线进行体育教学。在体育教学过程中,充分发挥体育教师的主导作用和充分调动学生学习的主动性,并将启发式教学贯通于整个体育课程的全过程,以发挥体育教师最大的启发引导作用和调动学生主动性学习为指导思想。学生主动性一旦积极调动起来,以主体性的姿态参与体育教学活动中,这又会进一步刺激体育教师主导作用的发挥,促进体育教师与学生融洽教学,双向良性循环地运行。

启发式教学方法在启发的教学思想指导下,以学生为本,充分调动和挖掘学生的能力与潜能,不断提高学生的认知水平,并以促进学生全面发展的理念,采取启发学生思维、积极调动学生内在学习动力的教学方法。体育教师根据学生的实际情况,运用各种启发性体育教学方式方法引导学生,通过启发学生积极探索、发现等方式,激发其情感,促进其主动性学习,容易使学生心领神会、豁然开朗,以及举一反三、触类旁通,有利于发展学生的体育认知能力和体育活动能力。

1. 启发式教学方法的运用原则

(1)激发学生积极思维的原则

激发学生积极思维应以启发学生思维为准绳,促进学生感悟到对体育知识、技术和技能的需要与动机,激发学生积极学习的行为。这要求体育教师应根据学生的具体情况,如体育知识基础、身体素质、认知水平等,特别关注学生学习的思想状况而采用各种启发式教学方式方法,努力引导学生朝着体育教学的目标而积极性思维,以激发学生的学习动机和培养学生的学习兴趣,使学生拥有真正需要体育学习的动机和心态而进行体育学习。学生的体育学习不仅是身体的操练,而且更是复杂的思维操作活动,是在体育教师的悉心指导下,不断地认识体育学习内容的概念、技术、做法、要求等,也是学生不断提出问题、分析问题和解决问题的过程。

体育学习的过程实际是学生积极思维及思维质量不断上升的过程,学生要不断地进行体育学习的思维活动,逐步弄明白体育的学习及其运动过程或动作技术的做法等,并力求尽快地学会与掌握。体育教师在体育教学过程中,要随时帮助学生解惑,启发与开通学生的学习思维及积极思维,并通过学生自身的积极思维活动,对所学的体育知识、技术和技能做到正确认识、理解、及时掌握或融会贯通。同时体育教师在体育教学过程中应随时观察学生的学习状况、情绪变化等,恰到好处地、及时地进行启发教学,以不断促进学生的积极思维和努力提高学习思维的质量及其思维能力,这是体育教师进行启发教学方法需遵循的原则。

（2）以学生为本的原则

体育教师进行启发性教学需遵循以学生为本的原则,努力促进学生全面发展。体育教学以传授知识、技术和技能为手段,目的是促进学生的身心健康发展和全面协调发展。为达到这一体育教学目标,必须以学生为根本。体育教师围绕学生应如何进行有效的教学,是每位体育教师面临思考与研究的问题。体育教师要认识到努力启发学生自觉学习对促进其全面发展的重要意义,从而使学生真正明白自身的全面发展对人才塑造及将来的发展有着十分重要的作用,并积极转化为内在学习的强大动力,以及具有持之以恒的积极行为而努力学习,这才是体育教师启发教学的目的或核心。

因此,体育教师的体育教学应从以学生为本,促进学生全面发展为出发点,培养学生刻苦努力学习与锻炼,不断增强身心素质,促进学生深入思维和创新思维,全面提高学生的逻辑思维及其思维质量,并且努力提高学生的思想素质,加快高素质人才的培养。体育教师要启发教育学生积极向上的思想,努力做好学生的思想工作,只有正确的思想才有正确的思维与行为。

（3）师生之间双向信息交流的原则

体育教师在进行启发式教学时应贯彻师生之间信息双向交流的原则。体育教师要达到启发学生积极思维,使学生满腔热情地投入体育学习之中,并不断取得学习的进步,这一体育教学过程必须贯彻师生之间的双向信息交流。假如体育教师进行满堂灌、填鸭式或单向灌输知识、技术、技能的单向信息运动教学方式,则难以达到体育教学目标。良好的体育教学过程,有效地启发学生的学习,必须是师生之间双向信息交流的过程,师生之间频繁地交流教与学的信息,使体育教师的教学意图得到贯彻,学生各种学习问题及时得到解决,学生也达到了学习的目的或目标。同时,在师生之间沟通信息的过程中,形成能容纳不同思想观点、思维方式方法及主张学习的体育教学氛围,鼓励学生积极正确思维,敢于提出问题,善于提出问题及实践,而体育教师在回答学生各种问题的同时,循循善诱,从中不断渗透自己的体育教育教学思想,启发、引导学生努力学习,以形成良好的信息交流的体育教学情景,这样才能不断提高师生之间双向信息交流的频率、效率和质量。

（4）平等民主的原则

体育教师在进行启发式教学时,应贯彻师生之间平等民主的原则。体育教学中,体育教师只有认真贯彻平等民主的原则,师生之间都处于一种平等的地位,才能发扬民主,学生才敢将自己的各种思想或想法告诉教师;体育教师只有尊重学生,平等对待学生,才能突出学生的主体地位,其启发教学才有效果,才能达到预期的体育教学目标。体育教学不是局限于体育教师的教和学生的学,而关键是通过体育教师的启发、诱导,主要依靠学生自身的积极活动来实现体育教学目标。师生共同活动,平等对待,民主相处,才能教学相长。体育教师要积极营造一个平等、民主和和谐的体育教学平台及氛围,使学生得到充分的尊重,学生的主体性突出,促使学生的思维得到最大限度的激发,从而达到体育教学的目标。因此,进行体育教学,启发式教学的基础是师生之间营造民主、平等的良好氛围,努力缩小师生之间的心理距离,从而不断提高体育教师启发教学的有效性及其最大的教学功能。

2. 启发式教学方法运用的方式方法

体育教学中要进行启发式教学,应讲究启发式教学的方式方法。启发式教学的方式方法很多,可采取多种多样的启发式教学。

（1）观察启发

体育教学中有很多体育教学内容是动态性的运动技术性教学内容,在学生的体育运动技术性学习中,观察成了一种学习的主要方法之一,而通过体育教师对学生的观察启发教学,正确启发、引导学生进行观察思维,或通过观察动作表象,引导学生深入动作本质的思维,进而弄明白动作概念、技术要领及其做法等。观察启发要求体育教师提出观察目标及要求,逐步由浅入深、由表及里地逐步深化认识,以促进学生思维的想象力、联想力及其思维的深度等,达到观察启发的目标。同时,体育教师应充分利用多媒体教学,如课件、图片、幻灯和录像等,以增强学生观察直观形象的渲染力,有利于形成思维表象及形象思维,有利于激发学生的观察启发思维。为此,体育教师通过对学生的观察启发教学,促进其观察与思维的积极转化,从而不断提高学生的观察能力与思维能力。

（2）比较启发

将事物进行比较时,可以是同类(同质)的比较,也可以是不同类(异质）的比较，类差很大的也可以进行比较。比较将两个不同事物联系起来进行分析研究，从中去辨别同中有异、异中有同。体育教学中，学生在体育学习中会犯有各种各样的错误动作，体育教师可以通过正确动作和错误动作的比较，启发学生辨清这两个动作的异同之处，容易使学生明白错误的地方而易于纠正。或者，体育教师在体育教学中，提示学生观察好的学生的学习与差的学生的学习，以比较两者的差异，从而促进学生进行思维，自己寻找准确的答案。通过各种比较启发，以调动学生的积极观察与思维，提高学生思维的准确性和灵活性以及其观察能力和思辨能力。

（3）联想启发

联想是一种心理活动，它是由一事物而想出另一（类）事物的思维过程。联想通常表现有触景生情、举一反三等。联想是事物间相互联系和关联的桥梁，如触类旁通、融会贯通等都依赖于联想。体育教学中有许多联想的现象客观存在，体育教师可以利用各种教学契机对学生进行联想启发教学，以促进学生的联想思维。如技巧的翻滚类动作，有多少种滚法？可以在哪些器械上做？让学生进行联想，探索答案，从而知道技巧的翻滚类动作有前滚翻、后滚翻、前滚翻直腿起、直腿后滚翻、经头手倒立前滚翻、前空翻、后空翻、侧空翻等；可以在双杠和纵跳箱上做前滚翻等。体育教师通过联想启发教学，以培养学生思维的联想性以及思维的丰富性、广阔性、逻辑性和拓展性，有利于学生的主动性学习。

（4）相似启发

世界许多事物之间客观存在有许多相似现象，体育教师通过体育中许多相似现象，对学生进行相似启发教学，使学生对体育教学中许多相似现象加以认识或新的本质上的认识。体育教学中广泛存在着相似技术、相似运动、相似形式、相似做法、相似联系、相似学习、相似规律、相似原理、相似创造等，体育教师通过对学生的相似启发教学，以促进学生大脑思维中存有的大量相似信息板块进行激活与激发，从而促进学生的认识与学习。体育教学中，体育教师应充分利用许多体育教学机会，通过相似启发教学，调动学生进行相似性思维，从而达到体育教学的目的。如通过体育教师或学生做前滚翻与经手倒立前滚翻动作后，让学生认识这两个动作的相似之处，以加深认识动作概念及其做法。相似启发教学重在利用体育有许多相似方面：运动相似、结构相似、功能相似、规律相似、手段相似、作用相似等。体育教师在相似启发教学时要注意同中有异、异中有同的现象,从而加入新的或深入认识与研究,容易获得新的发现或创新,以利于更好地运用相似启发式教学方法。

三、学校体育教学方法体系的建设

(一)"教"与"学"相统一

学校的体育教学方法是教与学的统一,只有师生之间实现有效的互动,才能够发挥体育教学方法的价值与作用。因此,在建设学校体育教学方法体系的时候,要同时考虑到"教"的体系与"学"的体系,教师在规划教学任务、教学内容和教学进度、选择教学素材的时候,同时要考虑到学生的学习接受能力、学习兴趣点等等,力求真正做到教与学相结合,体育教学活动应真正兼顾"教师的教"和"学生的学"两个层次的内容,实现教学效果的最优化。体育教学方法和手段都是针对学生来选择与运用的,教师和学生之间具有密切的关系,在师生的双边互动中,体育教学的任务和目的逐步实现。因此,教和学这两方面的内容贯穿于体育教学方法实施的始终。

(二)以系统论看教学方法

在体育教学中,教师是教学活动的发动者和引导者,学生是教学活动的行为主体。简单来说,教学活动是以学生的"学"为主线,以教师的"教"为副线,副线服务于主线的同时,也会制约着主线的发展,因此,应寻找到师生互动的最佳节拍为宜。体育教学方法是师生之间在教学实践中摸索出来的最佳的互动体系,它也是随着教学实践的增加而不断发展变化的。体育教学方法重要特点之一,就是要具有系统性思维,即教师、学生、教学内容是系统的组成要素,而师生间的互动是系统连接的方式,教学目标是系统的功能。如果要提高系统的功能,需要同时考虑要素和连接方式,也就是说要从整体着眼,而非仅仅强调教师或者学生某个单一的要素。

(三)教学方法要具有多样性

现代体育教学不仅注重学生动作和技术的掌握,以及各方面身体素质的增强,它更加注重学生的全面发展。因此,在建设体育教学方法体系的时候,要充分考虑到方法的多样性和丰富性。多种形式的教学方法不仅丰富了教学体验,也提高了教学效果,强化了教学内容和风格。总之,一切努力都是以提高学生的学习体验和学习效果为目标的。教学方法的多样性不仅可以满足学生的学习需要,还可以增加教学过程的趣味性,提高学生的学习积极性。现代体育教学,通过采用各种先进的多媒体技术,使教学方法体系更为丰富,对教学目标的实现起到了积极的促进作用。

第四节 体育课程教学评价及发展

一、校园体育课程评价的重要性

(一)有利于促进我国人才建设的发展

学校是为国家培养人才的地方,学校的教学质量能够影响人才的质量,并最终影响到一个国家的发展。体育教育是学校教育的重要组成部分,对学生的身心发展具有不可替代的作用,是影响整体教育效果的重要因素之一。

因此,学校的体育文化建设从学校层面来说起到的是促进学生的身心全面发展、促进学校体育事业进步的作用,但是从国家层面来说,它具有为社会主义事业建设培养全能型人才、促进国家发展的作用。对校园体育文化建设进行效果评价,有助于发现建设过程中的一些问题,便于及时进行策略和方法上的调整,不断提高建设的效率,为我国的社会主义事业提供更多人才。

(二)有助于促进精神文明建设的发展

学校是各种知识文化、精神文明活跃和传播的重要阵地,学校的氛围对师生有着重要的影响和熏陶作用。一方面,进行学校体育文化建设能够促使学校师生树立体育意识,领悟体育精神,增强师生的竞争精神、拼搏精神、坚韧意志等,提高其精神文明水平;另一方面,学校体育文化作为一种社会先导文化,对于其他社会文化具有引领功能、辐射功能等,能够促进整个社会文化和精神文明的发展,为精神文明建设提供了积极的推动作用。

对学校体育文化建设效果进行评价的目的是总结建设经验,发现并改善不足之处,最终建立一套学校体育文化建设的方法以及评价体系,为之后的建设工作提供依据,促进校园体育文化的发展以及我国社会主义精神文明建设的发展。

(三)时代发展对学校提出的必然要求

对学校体育建设的效果进行评价,是时代发展对学校提出的必然要求,主要原因如下。

一是我国正处于社会主义市场经济建立和完善的过程中,许多文化、制度、教育等也随着社会经济制度改变而处在新的发展之中,学校的体育文化发展也是其中的一项。新的历史发展时期应该建立什么样的校园体育文化,应该怎样在新的历史发展时期建立校园体育文化等疑问成为摆在人们眼前的新问题。因此,加强学校体育文化建设效果评价,事实上是在总结经验、找出教训的基础上,建立一套适应新的历史时期所要求的体育文化建设的新的机制和目标,这是学校对时代发展特征的一种主动适应,更是学校办学理念变化的一种需要。

二是随着社会的发展和科技的进步,知识在社会生产中的作用越来越突出,我们已经进入了知识经济时代。在知识经济的时代背景下,学校的体育文化建设面临着新的挑战。

所谓的知识经济时代,主要呈现出以下几个特点。

第一,知识成为经济发展的主要资本,知识要素成为经济发展中最重要的要素,知识产权迅速增值。

第二,知识的增长是技术发展的源动力,技术的发展是知识社会的基础。

在知识经济时代的要求和驱使之下,学校的体育文化建设成为一项必不可缺的事情,只有用各种文化知识武装学生,学生才能在新的时代背景下获得更好的发展。对学校体育文化建设的成果进行评价,有助于学校体育文化建设的工作更加完善高效,提高建设效率,以适应时代发展的需要。

二、校园体育课程评价的原则

（一）整体性原则

校园体育课程具有整体性的特点。一方面，校园体育文化归属于校园文化，是整个校园文化的一部分，校园体育文化的建设和评价都应该以整个校园文化为背景；另一方面，校园体育文化本身也是一个整体，其中包含着各种相对稳定的构成要素，这些构成要素既是单独存在的，彼此之间又相互联系。

基于校园体育文化的整体性特点，在进行校园体育文化建设效果评价时，首先应该将校园体育文化放在校园文化的大背景之中进行评价，可以评价校园体育文化在整个校园文化中的发展程度、校园体育文化对校园文化产生的影响等；其次再对校园体育文化进行分层次、分阶段的评价，既要单独评价每个构成要素，也要从关联关系、整体关系中评价每个要素，最终得出综合性的评价结果。只有在遵循整体性原则的基础上，将要素评价和整体评价结合在一起，才能客观地通过现象看见事物的本质，才能从个别中总结出具有共性的、规律性的东西，以供之后的工作参考。

（二）科学性原则

校园体育文化作为一个文化系统，存在自身的科学发展规律。对学校体育建设效果进行评价，必须要从学校体育文化的发展规律出发，坚持实事求是，一切从实际出发，在坚持科学性原则的基础上开展评价工作。

只有坚持实事求是的态度才能做好一切工作。在进行校园体育课程建设效果评价的过程中，应该将构成学校体育课程的基本要素作为研究的对象，在坚持整体性原则的基础上，充分掌握各个要素的自身特征和要素之间的联系关系，并按照适合学校特征的评价指标体系，对校园课程建设效果进行合理的、客观的评价，达到比较全面地反映校园课程客观现实，进而为校园体育课程建设提供比较准确的参考数据的效果。

（三）比较性原则

比较能够使人们发现不足和问题，对于促进事物的发展和完善具有非常重要的作用。在进行校园体育课程建设效果评价时,也必须要坚持比较性原则,在不断比较中促进校园体育课程建设体系的完善。

对事物进行比较,最重要的就是要建立一个科学、完善的评价指标体系,这个体系中应该包含纵向比较和横向比较两项比较内容。其中,横向比较是指,在进行校园体育课程建设效果评价过程中,既要通过评价对自身客观现实状况有准确的掌握,并对自身校园体育文化建设效果的情况在本地区同类学校中的排序,以及在全国范围内同类学校中的排序状况有一个清晰的了解,并通过对不同地域同类校园体育课程建设效果的评价比较,找出自身的优势和差距,这样才能知己知彼,为自身校园体育课程的下一步建设和发展的构思,以及具体实施步骤安排奠定基础。而纵向比较是指,将本校校园体育课程建设的现状和过去进行比较,在纵向比较的过程中,要充分了解体育课程建设每个发展阶段的社会以及校园现实状况,结合不同的历史背景对建设效果进行评价。

通过校园体育课程建设效果评价体系指标,对自身不同时期校园体育课程建设效果情况进行综合性的评价,进而了解不同时期自身校园体育课程建设总体特点和各主要要素的基本情况,这样才能科学地掌握自身校园体育课程建设发展的脉络及沿革,总结经验,为现实所用。在校园体育课程建设效果评价的指标体系中,比较性原则是不可或缺的,也是必须坚持的重要步骤。

(四)创新性原则

选择和构建校园体育课程建设效果评价指标体系,要坚持创新性原则。所谓创新性原则,就是要结合时代发展的要求和中国国情,创造性地选择和构建一些比较理想的评价指标,以提高评价体系和整体评估力度。坚持创新性,首先要学会借鉴。我们要学习国内外专家学者,在校园体育课程建设效果评价方面的经验和研究成果,为我们在校园体育课程评价指标的设置、指标的量化和测算等方面提供可资借鉴的经验。其次,要大胆创新。借鉴不等同于照搬,而是在吸取精华、总结经验的基础上,创造性的选择一些比较理想的评价指标。随着社会主义市场经济的建立和知识经济的迎面扑来,校园体育课程建设必然要受到全面的影响和冲击,在这种情况下,及时地修订校园体育课程的评价指标体系中的量化标准及测算方法等是十分必要的。因为任何一种评价指标系统都不是一成不变的,只有与时俱进,不断完善、不断创新,才能够提高校园体育文化建设效果评价指标体系的科学性和可信度。

三、校园体育课程评价的方法

（一）个案调查法

个案调查法是指，在校园体育课程建设的过程中，抽取一些比较有代表性的体育文化活动参与者，并对这些参与者进行调查、分析，以对校园体育课程建设效果进行评价的方法。个案调查法的采用时间可以是学校体育课程活动的举办过程中，也可以是体育课程活动结束之后，总的来说，搜集的信息越全面，越能够反映问题越好。

通过个案调查法得出评价结论之后，可以及时向学校体育课程建设的管理者、各种体育文化活动的举办者等进行信息反馈，使其了解学校在校园体育文化建设过程中的问题和不足之处，以便于及时对学校体育课程建设的方向和方法等进行调整和改善。

（二）抽样调查法

抽样调查法是指，把一些比较具有代表性的和学校体育课程建设相关的问题总结在一些，制作成调查问卷，将调查问卷发放到和校园体育课程建设之间联系比较紧密的人群中，比如学生群体、教师群体、学校体育课程建设的管理人员等，搜集他们关于各种问题的看法和建议。对于收回来的问题和建议，要按照事先设置的评价指标体系中的统计指标进行对照分析，最终得出其中比较有价值的部分，为之后的学校体育课程建设工作提供参考。采用抽样调查法的重点在于，必须要选择合适的调查对象。

（三）社会调查法

社会调查法是指，利用各种途径和方法，比如网络信息搜集、查阅各种文献资料等，了解社会中不同年龄阶段、不同职业等各层面的人群对学校体育文化建设的意见和建议。

这种调查方法具有调查范围比较广泛、搜集的意见和建议比较全面的优势，但是没有特定的调查对象和调查问题，调查工作会有一定的难度。

四、体育课程教学评价的实施

体育教学评价的实施过程主要包括以下三个步骤。

（一）确立体育课程教学评价目的

在进行体育课程教学评价时，首先要确立体育教学评价的目的，这是因为不同的评价目的往往需要采取不同的评价方法和评价手段。如果需要对体育教师的教学方法进行评价，那么在进行评价的过程中，可以采用相关的评价理论；如果需要对体育教学思想进行评价，那么就应该运用相关教学思想的理论进行评价；如果需要对体育教学效果进行评价，那么就要通过对学生体育课程的学习情况进行评价，等等。

（二）成立体育教学评价小组

在确立了体育教学评价的目的之后，应该成立体育教学评价小组，组成一个由体育专家、体育教师、学校领导组成的体育教学评价小组，成立体育教学评价小组的主要目的是为了更有效率地实施体育教学评价，为体育评价工作提供足够的智力支撑。

（三）制定体育教学评价指标体系

为了更加准确客观地实施体育教学评价，应该制定一套体育教学评价指标体系。在制定体育教学评价指标体系时，首先要确定一级指标，然后将一级指标分解成二级指标，随后再将二级指标分解成三级指标，使每个上级指标都包括一个下级指标群，每一个下级指标都是其上级指标的具体化，从而构成合理的体育教学评价指标体系。

第五章

中学生田径运动文化及课程建设研究

田径运动被看作一个人类挑战体能极限的项目,田径运动较量的是谁更快、更高、更远,田径赛场紧张激烈,因此,众多田径选手把从事田径运动作为超越自我的一种人生目标。本章着眼于中学生田径运动文化及课程建设的研究,从校园田径运动文化出发,在理论与实践相结合的基础上,总结和论述中学生田径课程建设与运动教学实践。

第一节　校园田径运动文化

　　田径运动历史悠久,其渊源可以追溯到原始人类。田径运动形式的走、跑、跳跃、投掷是人类生存的基本能力。在原始社会,无论是追逐野兽,还是部落间的争斗,长途跋涉、奔跑跳跃、拾岩投掷,都是必不可少的。在许多原始人类绘制的岩画中,都可找到栩栩如生的奔跑、跳跃和投掷的形象。轻足善走,逾高超远,作为特殊的生存技能为原始人类所重视。在日常生活中,人类不断重复这些动作,逐渐形成了走路、奔跑、跳跃和投掷等各种身体运动技能。

　　在将田径运动作为一项重要的竞技运动的同时,人们发现,在社会中,必须掌握各种基本活动技能,才能在社会与自然界生存。走、跑、跳、投、攀登、爬越等运动,属于人体基本活动的范畴。从田径运动各类项目的特点与健身价值看,短跑运动是人体在较短的时间内,运动器官和内脏器官在缺氧的情况下完成较大强度的运动,属于负氧极大的运动项目。经常参加短跑练习可提高人们的快速奔跑能力,并能提高无氧酵解的供能能力(非乳酸性供能能力),同时可培养人们坚毅、顽强及勇往直前的拼搏精神。该项目是其他各运动项目的基础,是其他运动项目不可缺少的主要练习内容。中长跑属有氧、无氧混合代谢,长跑则以有氧代谢为主,故中长跑运动能够改变人们的呼吸和心血管系统的功能(简称心肺功能),发展耐力素质,同时可培养人们不怕苦、不怕累和战胜困难、战胜自我的意志品质。跳跃项目的练习可培养爆发力、弹跳力、协调能力、灵敏素质,而投掷项目的锻炼可提高力量素质和爆发力。

一、田径运动文化

　　田径运动是速度、力量、耐力、灵敏度、协调和意志力等基本身体素质的综合体现,是各项体育运动的源泉。田径运动是体育运动中历史最长的项目,并孕育了众多的体育项目,是一些体育项目的母体;田径运动体现了人类的基本运动能力,为其他项目的发展提供了众多运动手段。因此,田径运动被誉为"体育运动之母"。从某种程度上来说,田径文化代表着人类的体育文化精神。

（一）田径运动的文化内涵

田径运动是一种社会文化活动,是体育文化最重要的组成部分之一。从远古时代田径运动产生之日起,它就代表着一种新的文化形式加入了人类社会。人们开展田径运动,不仅仅是在能力上与他人竞技,更是展示了人类对自我认识和超越的不断追求。人类很早就在不断追寻着自身能力的极限,通过各种方式探索极限,挖掘自身的潜力,并憧憬着超越自身的极限。同时,也在寻找通过何种方式来表现这种极限水平。而田径运动,被寄予了最多的期待。由于田径运动方式简单,可以较快地被掌握,因此,它可以最大限度地表现人类的某一种能力,所以人们总是用田径项目的成绩来形容人类某种能力发挥的好坏。人们用100米跑来形容跑得快,用跳高来形容跳得高,用投掷来形容力量大,用接力跑来形容协作好,等等。一种看似简单的运动方式,承载了人类内心深处最大的期望。

同时,经过长期演化,田径运动已经成为人们的一种生活方式,人们已经自觉地将田径运动融入生活之中。人们在锻炼时,跑步已经成为一种最为常态的方式。枯燥的马拉松运动在全世界得到广泛的推广,越野、徒步、定向运动成为现代生活的时尚。

（二）田径运动的文化特征

1. 田径运动蕴含人类对自我的认知与超越的渴望

田径最大的魅力在于这种看似简单的运动却与人类的内心追求直接挂钩,寄托了人类对自我的认知和超越的渴望。

田径运动所蕴含的人文精神促进体育文化发展。田径运动展现的是人类最自然的运动之美。田径孕育于人类进化发展的漫漫历程中,在运动中不断完善、不断超越、不断创造。可以认为,自从有了人类自身,就有了田径运动的雏形。田径是人类将最自然的身体运动方式改造之后的产物。为了更好地生存下去,与自然界其他生物一样,人类开始学会训练这些技能。在与自然界接触的过程中,人类开始学会使用工具,并开始了使用工具的训练。这种技能训练的发展以及宗教祭祀活动的兴起,使得田径运动逐渐完善起来。

虽然田径运动是由最基本的跑、跳、投等基本技术组成,但奥运会田径场上那激烈的比赛场面是运动员们最大程度地搏击和发挥,是运动员不断地征服自然去冲击自身能力的极限。"更快、更高、更强"的奥林匹克格言充分表达了奥林匹克运动倡导的不断进取、永不满足的奋斗精神。它不仅表示在竞技运动中要不畏强手,敢于斗争,敢于胜利,而且鼓励人们在自己的生活和工作中要不甘平庸、朝气蓬勃、永远进取、顽强拼搏、超越自我。

2. 田径运动体现人类的公平、公正、公开精神

公开、公平、公正是一种精神,是人类对社会运行的一种期待,也是人类的共同追求。人们期望在未来社会中人人平等,共同努力,享受公正的待遇。这种原则被直接引入体育运动,代表着人们对这种社会文化生活的美好期待。

在各类运动项目的比赛中,田径运动堪称三公竞争的典范。田径比赛包括跑、跳、投等项目,该项目的比赛成绩是以时间、远度和高度为衡量标准,主要依靠体能与个人技术,通过各种专门的仪器测量最终确定成绩,受裁判因素影响最小,其最初目的就是公平竞争。因此,比起那些通过裁判评定成绩的运动项目更准确、更客观。田径比赛是在严密的组织下,按严格的规则和要求进行的。田径规则对场地、器材、分组等方面都做了具体和详细的规定,经过长期的发展,已形成了一套客观的评判体系,能够准确、公正地评判出优劣。其评价指标是以量化为主,克服了人为因素的影响,不像一些体育比赛受人的主客观条件等诸多因素的影响较大,从而难以达到真正意义上的公平竞争。

3. 田径运动文化的公正与竞技性

《体育法》第四章的"竞技体育"中明确规定"体育竞赛实行公平竞争的原则",其实从体育起源的角度来看也是如此。体育史学的研究告诉我们,最初的体育竞赛无非是这样几种情况:一种是供贵族享用;一种是劳动者的宣泄,即人们在繁重的劳动闲暇之余求得愉快和欢乐;再一种是人与人之间的能力较量和显示,从而赢得异性的欢喜,这当中就必然会有竞争。然而,要使竞争正常进行,这就需要有一种法则来衡量,

这样才能够体现竞争公正性,因此可以说,古代体育作为一种竞赛文化早已天然地注入了公正性的元素。田径比赛作为体育竞赛的有机组成部分,从起源至今都在要求遵守"游戏规则",公平、公正是田径运动的灵魂和价值尺度,在赛场上需要用统一的、标准的尺度来衡量每一个运动员的能力,保证运动员在同等条件下的公平竞争,在这一尺度下运动员们公平竞争、切磋技艺、展示实力、享受比赛的过程。田径运动作为一种竞技文化需要运动员发挥出自己体能、智能等方面的最大极限,比赛中不允许采用不正当的手段,运动员需要通过自身不懈努力从而在激烈的竞争中获胜,杜绝在非自然状态下(例如,服用兴奋剂等)所产生的不公正行为。

竞技性是田径运动发展的动力,运动员以提高运动成绩和参加比赛获取胜利为终极目标。在公平、公正竞技环境下获取比赛胜利才被人们誉为真正的英雄。在规则面前人人平等;每个人都有在公平、公正的前提下同场竞技的权利和义务,追求"更高、更快、更强",这是田径运动为人类文化所做的杰出贡献,也是奥林匹克运动多年的理念和保持永久魅力之处。

5. 田径运动文化的生产与延续性

田径运动文化是人类的自我意识与手段在实践活动中的完美体现,产生于人类社会实践的空间扩展和时间演进之中。田径运动文化产生的前提是人类在认识、适应和改造客观世界的过程中对自身生存发展与完善的需求与渴望,主要表现为观念文化、关系文化和田径物质文化这三种形式。

田径运动文化的延续性有两个基本特征:一是发展,二是继承。文化的发展来自人类的创造性活动,而文化的继承是基于人类的重复性活动。无论是发展还是继承,田径运动作为一种文化现象都有其独特的存在形式,那就是思维和"语言"以及以"语言"为前提的其他共识符号。需要进一步解释的是,田径运动的语言符号除了类似于田径术语,各类跑、跳、投的项目名称以及田径竞赛规程等能够用文字记录的言语之外,它还包括一种非语言信息的特殊"语言",即体态语言。体态语言是一种表达和交换的可视化(有的伴声)符号系统,由人的面部表情、身体姿势、肢体动作和体位变化等构成,在田径运动中主要表现为运动员的技术动作、裁判员的判罚手势以及观众呐喊助威的身体动作等。文化的发展无疑是人类的创造性思维活动的成果,而创造性思维活动的成果,又需要依靠人类语言以及其他共识符号系统(这是人类所独有的)记录下来,从而实现文化的继承。虽然语言以及其他共识符号系统也是文化发展过程中的产物,但是,自从有了这种文化成果的"特定载荷形式"之后,文化的发展就已不再是从零开始,而是以继承为前提的发展,这是继承对发展进行制约的另一个方面。

现代的田径项目并非一蹴而就,这一项目是人类在不同历史时期智慧的集合。同时,田径项目是由多个民族项目集合产生的,其中蕴含着世界各族人民的创造力。这些民族属于不同地区,它们的自然条件、生产条件和生活条件有较大差异,产生了不同的文化类型。

二、校园田径运动文化

(一)校园田径运动文化的内涵

田径运动是基于人类生活基本技能的一种体育运动,也是一种文化现象。校园田径运动文化是以地域的方式划分出来的一种田径文化形式,是指以校园为空间,以学生和教师参与为主体,以田径运动为主要内容和运动手段,所创造的田径物质财富和精神财富的总和。其表现出一种具有校园独特形式的学生群体文化生活,它是在校园内呈现出的特定文化现象,它以一种无形的力量对所在学校的师生产生潜移默化的影响。

(二)校园田径运动文化的功能

1.健身娱乐功能

随着国家经济的发展和社会的进步,人们强身健体的意识也在普遍提高,对生命的意义和健康身体的认识和理解也达到了一个空前的高度。社会越进步、经济越发达,人们对健康身体和生命的理解也越深刻,人们将这种理解付诸行动,自觉地从事体育锻炼,以增强体质、增进健康,大多数人都会选择从事田径运动项目进行锻炼,选择田径项目锻炼主要是因为田径运动是人体自然本能的动作,大部分运动项目简单、易实践、便于掌握,可使人们较快地达到健身目的,田径运动因而深受人们的喜爱,并得到广泛开展与普及。随着全民健身运动的开展,田径运动已面向社会,深入社会,人们对田径运动的认识更加深刻,从事田径健身的人口不断增加,在日常生活中,我们经常会看到不同性别、不同年龄的人们,在公园内、学校里、马路边等进行着各种田径项目的身体锻炼,从事田径运动锻炼已经成为人们强身健体的主要方式之一。田径运动文化具有娱乐性。通过从事田径运动锻炼可以缓解繁忙的工作和释放压抑的心情,从田径运动中找到属于自己的那一份乐趣,促进自己的身心健康。

2. 促进身心发展,培养体育意识的功能

田径运动极具锻炼价值,学生可以通过不同的手段和方法调整练习的时间和强度,对于学生发育不完善的身心有很大的促进作用。而且田径运动和其他运动项目是有很大联系的,在无形当中学生也可以间接掌握其他运动项目。田径中的游戏可以发展学生各种身体素质和能力,能够真正体会到体育带给他们的快乐,满足他们生理和心理上的需要。

3. 活跃校园阳光体育运动氛围,丰富业余文化生活的功能

校园田径运动内容丰富,形式多样,又大大改变了传统校园课外体育活动的单调教学模式。学生可以根据自身的情况,选择适合自己的练习内容来达到强身健体的目的。另外,田径运动各项目之间是互通的,在练习过程中学生不仅可以加强沟通、增进交流、互帮互助,而且还能够建立起彼此的竞争意识,对于自身顽强毅力的养成有非常大的帮助。田径运动的互动作用有助于阳光体育在校园进一步深入,缓解目前学校体育活动场地紧张和运动器材不足的矛盾,吸引更多的人利用空闲时间进行体育锻炼,激发自身的锻炼热情,达到健康体魄和愉悦身心的目的。

第二节　中学生田径课程建设研究

一、中学生田径课程建设的目标

在中学体育课中,学生通过田径教学应达到以下教学目标。

一是运用田径项目作为锻炼身体的手段,提高身体素质,促进身体的生长发育,增强体能,全面发展走、跑、跳、投的基本运动能力。

二是使学生掌握田径运动的基础知识、基本技术和技能,并且能运用这些知识和技能科学地从事体育锻炼,养成坚持锻炼的良好习惯,形成健康的生活方式,培养积极进取、乐观开朗的生活态度。

三是培养学生良好的思想素质,养成不怕困难顽强拼搏的良好心理品质,形成良好的合作精神、体育道德和社会适应能力。

初中阶段的田径教学目标主要有以下方面。

第一,具有积极参与田径活动的态度和行为,自觉参加田径项目的学习,积极参与课外田径活动,充分利用各种条件改进田径运动技术。

第二,掌握田径运动的基础知识,了解所学田径项目的竞赛规则,懂得欣赏田径比赛和表演;基本掌握几项主要的田径运动技能;用较为科学、安全的田径手段和方法进行练习。

第三,发展速度、有氧耐力和灵敏性。通过短距离跑和重复跑发展位移速度;通过定时跑、定距跑、越野跑、跳绳等发展有氧耐力;通过各种游戏和多种移动、躲闪、急停、变向跑、障碍跑、跳跃等,发展反应速度和灵敏性;认识和理解田径运动对身体形态发展和身体机能发展的影响。

第四,了解田径运动对心理健康的作用,了解心理健康对身体健康的促进作用,进而认识身心之间的关系;通过设置适宜的目标使学生在田径运动中不断获得成功并体验成功的感觉,逐步增强自尊和自信;学会肌肉放松的方法、自我暗示的方法、呼吸调节法,通过田径运动等方法控制情绪;通过耐力跑、障碍跑、跳跃等较为艰苦、剧烈、危险,以及具有挑战性的运动项目来体验困难环境下的运动感知觉,逐步形成克服困难的坚强意志品质。

第五,结合田径项目的特点,培养良好的体育道德和合作精神,正确处理田径运动中竞争与合作的关系;学会尊重和关心他人,建立起对自我、对群体和对社会的责任感,建立和谐的人际关系。

田径教学应按田径各项目的学习要求进行,使学生对田径运动技术了解和掌握得更加全面。要经常总结学习经验和教训,改进学习方法,注意提高分析问题和解决问题的能力,创造性地学好田径运动课程。

二、田径课程建设的路径

（一）树立正确的指导思想

在我国全面推进素质教育的当下，学校建设田径运动课程，首先应该确立正确的指导思想，正确理解"健康第一"这一体育教学指导思想的内涵，在这一教学思想下进行田径课程建设，将被称为"运动之母"的田径运动的独特价值充分发挥出来。在正确思想的指导下开设田径课程教学，首先要培养学生的兴趣爱好，使学生对田径运动感兴趣，调动学生参与田径运动的积极主动性，使学生在兴趣的基础上掌握田径技能与锻炼法。在田径课程建设中还要注意对学生的学习潜能进行深入挖掘，在学生运动过程中对其坚持不懈的精神品质进行培养，并引导学生养成运动锻炼的良好习惯，形成积极健康的生活方式。

（二）加强基础设施建设

学生参与田径运动的积极性、参与频率以及参与效果直接受田径场地器材等基础设施因素的影响。所以，在学校田径课程建设中要重视基础场地设施的建设，将现有场地设施资源充分利用起来，使其作用得到最大限度的发挥，充分满足田径教学需要、课外田径活动开展的需要以及举办校园田径赛事的需要。

（三）重视田径教材建设

教材建设在学校田径课程建设中是非常重要的一环，学校田径课程教学效果直接受教材编写质量的影响。在田径教材建设中，要明确定位育人目标，结合时代特征、学校教育改革趋势、学校体育发展需求而编写科学的田径教材，并不断对田径教材结构体系加以健全和完善，对传统田径教材内容体系进行改革，不再一味以竞技内容为主，加入健身锻炼的相关内容，使学生既能够掌握基础锻炼方法，又能学习田径运动技能，从而促进学生体质健康水平的提高和基础运动能力的增强。

（四）完善田径教学内容

1. 针对性授课

田径运动具有强身健体的重要功能，要通过田径课程教学而发挥田径运动的这一功能，有效增强学生体质，就要选择对教学对象具有普遍适用性的田径教学内容。田径项目众多，有走跑类项目、跳跃类项目、投掷类项目以及其他一些衍生项目，如此丰富多彩的内容成为其在学校体育课程建设中备受关注的一个重要原因。但尽管田径运动包含很多项目，但并非都受学生喜爱。学生有很强的求知欲，他们对时尚流行的体育项目非常感兴趣，因此要将田径运动与时尚运动结合起来进行针对性教学，吸引学生参与。例如，路跑、马拉松近年来颇受学生关注，学校可以结合路跑、马拉松的相关知识而进行关于跑的动作方法、体力分配、练习形式等内容的教学，使学生对跑步的认知从简单走向丰富，使学生更加科学有效地跑步。

2. 精选教学内容

田径课程教学内容非常丰富，传授不同的田径教学内容时，也要灵活选用教学方法。有的田径项目有很强的技术性，容易将学生的参与兴趣激发出来，这类项目也有助于对学生努力拼搏、不畏艰难、战胜困难的信心、勇气及精神进行培养。例如，短跑教学中，跑步技术是重点教学内容，要使学生掌握跑的省力技巧，不要只用腿部力量去跑，要将髋关节带动起来，以大肌群发力为主，这样跑起来更为轻松和自然一些；跨栏跑教学中，让学生对栏间节奏、跨栏动作等重点内容加以掌握，为此而适当将栏架数量减少一些，或选择高度稍低的栏架；跳高教学中，以背越式跳高法为重点内容，主要培养学生对跳高运动的兴趣，使其能够发挥潜力，跳跃一定的高度，不要过分看重学生能跳多高，关键是要让学生有兴趣、有需求，能对这项运动的魅力产生深刻的体会。

除了不同田径项目的技术教学外，还要精选田径理论知识，如田径运动的发展历史、功能价值、比赛规则等，使学生对田径运动有丰富的认识，从而产生浓厚的参与兴趣。

（五）丰富田径教学形式

1. 以健身为主的田径教学

改革传统田径项目,培养学生的兴趣,在增强学生体质的教学目标下传授丰富而有效的田径健身方法,以大众化、趣味性方法为主,使学生在参与过程中产生兴趣,强身健体,愉悦身心。

2. 以竞技为主的田径教学

传统田径教学内容主要是竞技性的跑类项目、跳类项目和投掷类项目,以及与这些项目相关的专项体能练习。在以竞技为主的田径课程教学中,学生重点学习竞技田径技术,不断练习田径技术,追求技术上的突破与完善,从而提升田径核心技能水平。

3. 以达标为主的田径教学

国家制定《国家学生体质健康标准》是为了增强学生体质,提升学生的健康水平。田径课程教学是促进学生体质达标的重要途径,根据标准的相关规定、测试项目、测试方法、测试要求以及评价标准而展开田径达标类课程教学,使学生在体质测试中取得优异成绩。

（六）构建全新的考评体系

传统田径课程考评机制单一、落后,对田径课程建设与发展造成了制约,也影响了学生的健康与发展。对此,要对传统田径课程考评体系进行改革,构建全新的考评模式,考评方法要有助于激励学生主动参与田径学习与锻炼,考核内容要全面,要综合采用多种考评方法,以全面考核为主。除了进行体能考核、技术考核外,还要将理论考核、学生学习态度考核、思想品德考核、进步程度考核纳入考核体系中,实施科学、全面、合理的田径课程考核,充分发挥考核的价值与功能。

（七）加强师资队伍建设

田径课程建设与实施质量直接受田径师资队伍专业素养的影响,甚至直接由师资因素所决定。学校体育课程的深入改革对体育教师的要求越来越高,田径教师作为学校体育师资的重要组成部分,应在田径课程建设与实施中充分发挥自己的业务能力。

田径师资队伍建设中要求田径教师做到以下几点。

1. 理论知识丰富、专业技能过硬

田径课程教学效果、质量直接受田径教师专业业务能力的影响。田径教师应对田径理论知识达到一定的熟悉度，并不断学习新知识，了解田径运动发展的新趋势，完善自己的知识结构，丰富自己的知识储备，并将之转换为田径授课内容，提高学生的田径理论素养。

田径教师还应该具备过硬的专业技能，能够科学开发田径教学内容资源，正确选用丰富的田径教学方法手段，有能力营造活跃的课堂氛围，创建优良的教学环境，提升学生学习的热情与积极性。田径教师应有能力将教材中的内容以科学有趣的方式传授给学生，使课堂教学气氛活跃起来，使学生积极表现，主动配合教师，从而提升课堂教学效率。

2. 教学中淡化竞技意识

传统田径课程教学体系以竞技为重，其与素质教育的理念不符，因此田径教师要在田径课程建设与实施中淡化竞技意识，改革传统课程体系，在"健康第一"指导思想下给学生传授田径健身知识与方法，引导学生循序渐进地进行田径运动锻炼。竞技意识的淡化应从课程内容的选择中体现出来，以简单、有趣、操作方便、健身价值突出的内容为主，将田径运动的健身与娱乐功能充分发挥出来，从而调动学生学习的积极性，满足学生的健身与娱乐需求。

3. 改革传统教学模式

一些田径教师习惯采用传统模式授课，单一、枯燥的教学影响了课堂氛围，影响了学生学习的积极性，甚至导致学生抵触情绪的产生，严重影响了田径教学效果。对此，田径教师要自觉改革传统教学模式，从教学实际出发设计丰富多样的教学方法，采取有助于培养学生兴趣和激发学生学习积极性的教学手段进行教学，营造宽松活跃的田径课堂氛围，提高课堂教学效果。田径教师还应该在终身体育理念下进行课堂教学设计，促进学生终身体育意识的形成。

第三节 中学生田径运动教学实践

一、田径运动走跑类教学实践

在田径运动中,走主要指的是竞走运动。跑类项目包括短跑、中长跑、跨栏跑、障碍跑、接力跑等多个项目,这里主要就竞走技术教学和短跑技术教学为例进行分析与研究。

(一)竞走技术教学

1.竞走技术分析

(1)身体姿势

竞走迈步时,身体始终保持正直、放松,骨盆不能前倾或靠后,后背保持平直,如图5-1所示。身体纵轴垂直于地面,头部处于自然位置,目视前下方路面。

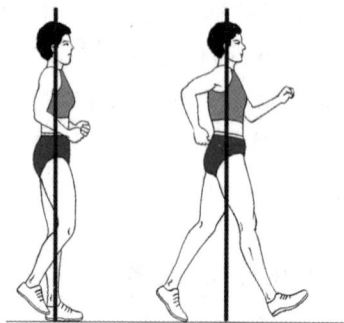

图5-1 竞走身体姿势

竞走时要注意避免躯干前屈(图5-2)或凹背(图5-3),这都是错误的姿势。

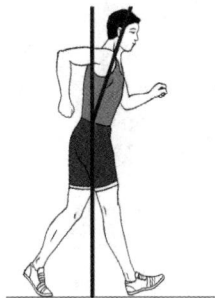

图 5-2　躯干前屈　　　　　　　图 5-3　凹背

（2）髋部动作

髋部动作就像一个发动机,使膝关节和脚加速向前运动。在之后的摆动动作阶段,膝关节赶上向前运动的髋的位置。如此反复,直到完成竞走。当接触地面时,脚后跟稍微超过膝关节。

正确的髋部动作能增加步长(图 5-4)。标准的脚步下落位置如图 5-5a 所示,形成一条直线。如果髋部动作出现错误,如没有充分做转髋动作或髋部动作受骨盆柔韧性的影响,就会导致脚落在一条直线的两侧(图 5-5b、c),从而影响步长。

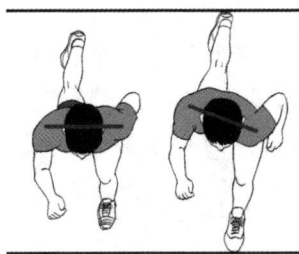

图 5-4　髋部动作与步长的关系　　　图 5-5　脚着地位置

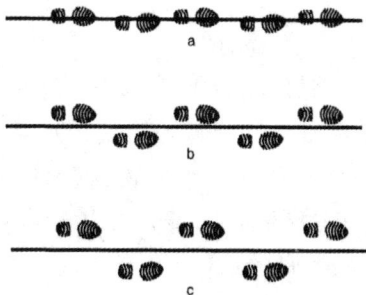

（3）膝关节动作

膝关节在脚跟接触地面的瞬间至支撑腿达到垂直部位时必须伸直(图 5-6)。在恢复摆动时屈膝,因缩短了转动半径而加快了摆动速度。后腿的弯曲直接影响摆动速度和效果。应根据膝关节结构、柔韧性和运动员的力量来决定最佳屈膝时机。初学竞走时,腿由后向前摆动时,容易犯提膝过高的错误,如图 5-7 所示,要注意避免。

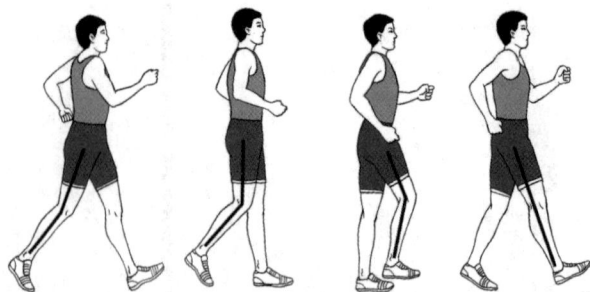

图 5-6　膝关节动作

图 5-7　提膝过高

（4）摆臂动作

屈肘角度为 90°~45°，角度相对固定，整个摆臂过程中，肌肉放松。手臂移动路线应从臀后腰带水平位置沿弧线移向胸骨位置，整个手臂的摆动低且放松。手放松，摆臂时手腕伸直，同时呈半握拳状或握拳状。当手摆过臀部时，指尖向内。

（5）脚的动作

脚跟先着地，脚尖跷起，脚触地后，人体开始向前运动，在腿完全支撑体重之前，脚尖一直不着地，脚尖离地的时间与胫外侧肌的力量直接相关。在蹬离地面之前，有一个以腓肠肌引起脚转向垂直的推动力。摆动腿的脚向前靠近，但不是擦地而过。

2. 竞走技术教学手段

（1）建立技术概念

第一，对竞走技术的基本特征进行生动形象地讲解。

第二，教师正确示范竞走技术，包括分解示范和完整示范，也可以播放竞走录像或出示图片供学生观察、模仿与学习。

第三,介绍竞走规则。

（2）转髋教学

第一,指导学生绕垂直轴转髋大步走。

第二,指导学生绕前后轴转髋。

（3）腿部动作教学

第一,指导学生慢速直腿走。

第二,指导学生快速直腿走。

第三,指导学生慢速和快速交替直腿走。

（4）摆臂动作教学

第一,指导学生进行原地摆臂练习。

第二,指导学生做两臂和肩部相互配合的竞走练习。

（5）完整技术教学

第一,指导学生以各种速度完成完整的竞走技术。

第二,指导学生在不同地形完成完整的竞走技术。

3. 竞走技术学习指导

（1）学习重点与难点

学习重点:

第一,对双支撑阶段的技术动作熟练掌握。

第二,对支撑腿伸直的技术予以掌握。

第三,掌握平稳向前移动重心的方法。

学习难点:

第一,协调放松地完成技术动作。

第二,根据自身实际情况选择适宜的竞走距离,以适宜的速度完成竞走。

（2）学习方法

第一,对正确、完整技术的体会。

学习目的:对完整的竞走技术动作予以体会,掌握完整技术。

学习方法:在教师的指导下进行竞走练习,距离大约 100 米左右。教师进行示范,学生观察并模仿完成练习。

学习要求:学生练习过程中集中精神体会正确的动作,练习时大脑也要思考,而且身体各部位要协调运动,保持适宜的速度,放松、自然地完成动作。

第二,专门练习。

持续走:

①练习目的

对完整的竞走技术予以体会与掌握。

②练习方法

在 1500 米左右的直道上持续竞走,不能间断。

③练习要求

第一,迈大步,身体放松,动作协调。

第二,整个过程完整、连贯、自然。

第三,运动负荷以每分钟心率 160 次左右为宜。

摆腿走:

①练习目的

掌握竞走摆腿技术。

②练习方法

进行反复摆腿走练习,距离为 80 米左右,练习时小腿在大腿的带动下摆动,膝关节领先在前。

③练习要求

动作自然放松,完成后蹬动作后摆腿时脚尖与地面靠近。

直腿着地走:

①练习目的

对支撑腿伸直并支撑重心的技巧予以体会并掌握。

②练习方法

第一,进行 100 米距离的竞走,体会支撑腿着地支撑重心的感觉。

第二,以不同的速度完成竞走练习,体会脚跟先着地,并逐渐向全脚掌着地过渡的过程。

③练习要求

灵活调整速度,将不同速度的练习组合起来,支撑脚着地时要及时将支撑腿充分伸直,

大步前交叉步走:

①练习目的

掌握转髋动作。

②练习方法

在100米的直道上竞走,体会髋沿垂直轴转动大步走。

③练习要求

髋积极扭动,身体重心随着髋部的扭动而稳定前移。

手臂伸展前后摆臂走:

①练习目的

掌握摆臂动作。

②练习方法

竞走距离大约100米,走动过程中手臂充分伸展,前后摆动。

③练习要求

第一,增加摆动幅度,轻松摆臂。

第二,直臂摆动和屈臂摆动交替练习。

重复走:

①练习目的

掌握正确的竞走技术。

②练习方法

间歇竞走1000米左右,以大强度为主。

③练习要求

速度均匀,不要突然加快或减慢速度,一段距离后休息片刻。

间歇走:

①练习目的

掌握正确的竞走技术。

②练习方法

间歇竞走,距离为400米左右,以大强度为主,重复练习数次。

③练习要求

间歇时间以2分钟左右为宜,可以在原地休息,也可以采取慢走的休息方式来放松身体。

放松大步走:

①练习目的

掌握转髋动作。

②练习方法

第一,沿前后轴转髋竞走,步幅大,重心顺势移动,支撑腿要充分伸展,距离80米左右,重复练习。

第二,摆动腿同侧髋下沉、上提相互交替完成竞走练习,距离 100 米左右,重复练习。

③练习要求

充分伸展支撑腿,在垂直阶段,摆动腿一侧的髋和膝比支撑腿一侧的髋和膝低。

(二)短跑技术教学

1.短跑技术教学

(1)观看技术图片或优秀运动员的技术动作图片,简要讲解短跑的技术(主要讲途中跑)和特点。

(2)做完整的短跑技术示范 60～100 米。

(3)学生按要求体会途中跑的动作,40～80 米,1～3 次。

2.途中跑的技术

(1)在直道上用中等速度反复练习 60～100 米跑

为了掌握快速跑技术,首先要学会正确跑的动作。开始时,沿直线反复跑。随着技术的掌握与跑的能力提高,在动作协调自然的基础上,逐渐加快速度。

注意脚的着地、后蹬、前摆和途髋的技术。教学的最初阶段,在强调蹬摆的基础上,要求适当加大步长,但也防止过分追求步长而出现向前甩小腿、跳的现象或导致步频下降。

(2)在直道上反复练习 60～100 米加速跑

第一,站立式起跑 60～100 米,跑速逐渐加快,跑到最后达最快速度。

第二,掌握加速跑技术后,逐渐缩短加速跑段的距离,加长快速跑段的距离,以提高快速跑的能力。

第三,当加速跑达最快速度后,不做有力的后蹬动作,保持原来的跑速,体会跑的动作。速度有所降低后,再继续加速跑到最快速度。重复做以上的内容,2～3 次。

第四,可做顺风跑、下坡跑。

在技术上除注意腿部动作外,还应学会有节奏地加快跑速的能力。

（3）在直道上反复练习 30 ～ 100 米快速跑

站立式起跑,快速跑 30 ～ 100 米或 30 ～ 100 米计时行进跑。

注意不要因为计时而引起动作的紧张

（4）学习弯道途中跑的技术

第一,讲解、示范弯道跑的技术特点。

第二,用各种速度跑不同半径（10 ～ 15 米）的圆圈,体会身体向左倾斜的姿势。

第三,用较快的速度从直道进入弯道跑 40 ～ 60 米,弯道进入直道跑 40 ～ 60 米。

第四,完整的弯道跑练习,150 ～ 200 米。

弯道跑时,跑速要快,步子要大些,才能体会弯道跑的动作实质。

（5）根据学生的实际情况,可采用跑的专门练习改进跑的技术

①后蹬跑

目的:体会"后蹬前摆"的技术和发展腿部力量。

要求:后蹬腿向后下力用力蹬直,同时摆动腿向前上方摆动,并积极带动同侧髋,然后大腿积极下压,以前脚掌着地。上体和摆臂的动作与跑相似。

学习后蹬跑时易出现大腿高抬不起来、跑跳步、前伸小腿等错误动作。因此,可以用以下练习方法学习后蹬跑。

第一,原地作两腿前后小幅度交换跳,用前脚掌着地。

第二,在练习（1）的基础上,将动作幅度加大,高抬大腿、蹬地要充分、蹬摆配合好。

第三,后蹬跑:将（2）的动作方向改为向前,躯干适当前倾,在充分后蹬时摆动腿的大腿积极下压,用前脚掌着地,要有弹性。

第四,后蹬跑 20 ～ 30 米过渡到加速跑。

②小步跑

目的:体会前脚掌着地的"趴"地动作,发展跑的步频。

要求:上体稍前倾,踝、膝关节放松,大腿带动小腿积极下压,以前脚掌着地,完成"趴地"动作。完成动作要求自然协调。

学习小步跑时易出现向前踢小腿、膝伸不直,动作僵硬的错误动作。因此,可以用以下练习方法学习小步跑。

第一,初学者可双手扶墙做或原地做（脚尖不离地）,在动作正确的基础上,可加强后蹬力量,加快步频,加大步长,过渡到小步跑。

第二,小步跑 15 ~ 20 米过渡到加速跑。

③高抬腿跑

目的:体会高抬大腿的动作,发展跑的步频。

要求:躯干正直或稍前倾,重心提起,大腿向上高抬后积极下压,用前脚掌着地,支撑腿蹬直,始终保持较高的身体姿势。

学习高抬腿跑时易出现上体后仰、支撑腿蹬不直、坐着跑的错误动作。因此,可以用以下练习方法学习高抬腿跑。

第一,高抬腿跑可原地或行进间做。

初学高抬腿跑者可以先做高抬腿走,在动作正确的基础上,加强蹬地力量,加快动作频率过渡到高抬腿跑。

第二,高抬腿跑 10 ~ 20 米过渡到加速跑。

④摆臂练习

目的:体会摆臂动作。

要求:原地两脚平行开立或前后开立同肩宽,以肩关节为轴,大臂带动小臂进行摆动。动作要自然协调。

练习时可弓箭步摆臂或手持重物增加难度,可和走或跑结合起来进行摆臂练习。

3. 起跑和疾跑技术

(1)讲解、示范蹲踞式起跑的技术。

(2)学习安装起跑器的方法及反复练习"各就位""预备"和蹬离起跑器的动作。

(3)体会疾跑的技术。

第一,原地站立,然后身体前倾,当控制不住身体平衡的一瞬间,突然顺势跑出 20 ~ 30 米。

第二,站立式起跑,保持上体前倾跑 25 ~ 30 米。

第三,一手支撑地的蹲踞式起跑 25 ~ 30 米。

第四,反复练习蹲踞式起跑和疾跑 20 ~ 40 米。

(4)弯道起跑 40 ~ 60 米。

4. 终点跑技术

(1)讲解、示范终点跑的技术。

(2)在慢跑、中速跑、快跑中做终点跑与撞线动作练习。

（3）结合起跑和疾跑、途中跑做终点跑练习 60 ～ 100 米。

注意事项：

第一，要使学生明确以最高速度做撞线动作、跑过终点。

第二，要注意安全。练习时，终点线的高度要因人的身高而异：当运动员撞线时，两边司线者应同时放手，不要一人松手、一人不松手。更不能将终点线拴在终点柱上。

第三，成组练习撞线时，要把速度基本上相同的学生编在一组。

5. 完整的短跑技术练习

应注意各技术环节的衔接。注意在全程跑的教学中与放松相结合，全身协调配合的技术，在全程跑的教学中可采用反复跑、检查跑、计时跑、技术评定、测验或参加比赛等方法。教师应向学生指出优缺点与努力方向。

二、田径运动跳跃类教学实践

这里以背跃式跳高为例分析。

（一）背跃式跳高基本技术动作

1. 助跑

背越式跳高采用弧线助跑的方法，8 ～ 12 步完成动作。在助跑的整个过程中，也可分为前段助跑和后段助跑两个部分，其中后段助跑尤为重要，通常跑 4 ～ 6 步。前段助跑弧度较小，比较平直，这样有利于发挥速度，助跑前段一般为直线，后段为弧线（跑四步）（图 5-8），弧线末段与横杆之间形成 20° ～ 35° 的夹角（图 5-9）。

2. 起跳

一般左腿起跳，髋、膝、踝关节充分有力地蹬伸，立腰，身体转为垂直，提肩摆臂，摆动腿膝关节内扣，转体背对横杆（图 5-10）。

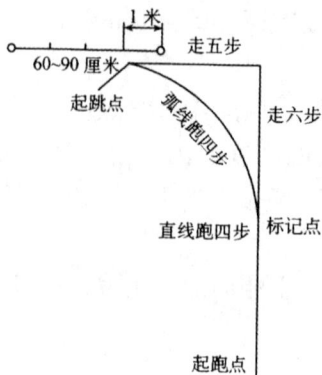

图 5-8　助跑

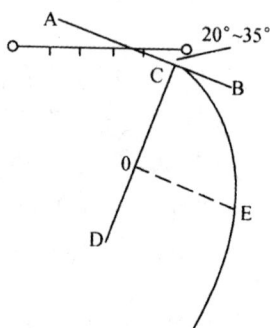

图 5-9　弧线末端与横杆夹角

图 5-10　起跳

3.过杆与落地

头、肩越过横杆后，头及时后仰、肩向下倒、挺髋提臀，膝关节放松，身体成反弓形。臀部越过杆后，小腿快速上提，低头收腹，身体自然下落，肩背先落垫(图 5-11)。

图 5-11　过杆与落地

（二）背越式跳高技术教学步骤与方法、手段

在跳高教学中宜采用技术动作较为完整的练习手段，以保证跳高技术的系统、完整性。采用完整教学到分解教学再发展过渡到完整动作技术教学的模式进行。教学步骤则从建立正确的完整动作技术概念开始，以学习和掌握助跑起跳技术为主线，然后按照完成技术动作的过程向前（腾空动作技术）、向后（半程助跑、全程助跑技术）延伸，最后采用完整动作技术教学的方法进行教学过程的组织与调控，达到完成教学任务和教学目标的要求。

1. 建立正确的背越式跳高技术概念

通过教师的正确示范与讲解，配合运用技术录像或图片，分析背越式跳高的技术要点和要求，使学生建立正确的背越式跳高完整动作技术概念。

（1）优秀运动员动作技术图片演示。
（2）背越式跳高技术动作示范。
（3）背越式跳高动作技术要点与要求讲解与分析。
（4）优秀背越式跳高运动员动作技术录像资料演播。

2. 学习起跳技术动作的教学与练习

（1）原地起跳模仿练习
起跳腿在前，摆动腿在后，支撑腿积极蹬地，摆动腿大小腿折叠，屈腿上摆并内扣，同时两臂由后下方向前上方摆起，最后形成起跳的蹬离地面动作姿势。练习的目的在于使学生了解起跳动作过程。

（2）原地起跳与摆臂技术练习
动作技术要点与要求：在练习（1）基础上，强调练习时借助于腿臂摆动的力量，配合起跳腿的蹬地动作向上跳起，体会起跳动作的正确用力过程。

练习方法：
第一，为消除学生畏惧心理，将软塑料做的1米左右长的横杆一端固定在立柱上做横杆，让学生大胆练习。
第二，为激发学生的练习兴趣，把充满气的气球悬挂在比学生身高高出30厘米左右高度处，让学生跳起头顶气球，比一比，看谁能顶到

气球。

第三,为了让学生主动做出双脚连续在空中摆动动作,把充满气的气球悬挂在学生腰部的高度处,要求学生跳起后,两脚都能碰到气球。

三、田径运动投掷类教学

这里以掷标枪为例进行分析。

（一）掷标枪基本技术动作

1. 握法

常见的两种握枪方法如图5-12中所示,左边为现代式握法,右边为普通式握法。

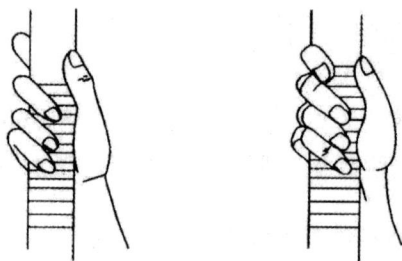

图 5-12　握法

2. 持枪

右手持枪举于右肩上方,投掷臂放松,枪尖比枪尾稍低,枪身也可与地面平行(图5-13)。

图 5-13　持枪

3.助跑

根据投掷速度决定助跑距离,一般助跑25~35米,分预跑和投掷步两个阶段完成助跑。

4.最后用力和缓冲

投掷步结束后,身体成"满弓"姿势。左腿屈膝迅速有弹性地蹬伸,同时挺胸前送,小臂向前"鞭打",通过手臂和手指将全身的力施加在标枪纵轴上。标枪投出后,右脚向前一大步跨出,身体稍左转,身心重心降低以保持平衡(图5-14)。

图5-14 最后用力

(二)原地掷标枪技术教学

1.教法手段

(1)结合示范(或通过图片等直观教具)讲解原地掷标枪的准备姿势和掷标枪的用力顺序。通过讲解和示范,使学生建立正确的原地掷标枪技术概念,了解原地掷标枪技术的要求、方法和要领。

①准备姿势:侧对投掷方向,两脚左右分开比肩稍宽,右脚与投掷方向约成45°角,左脚与投掷方向约成30°角。右手握持标枪后引,枪尖约在鼻、眼之间。上体右倾,体重落在弯曲的右腿上,左臂微屈置于体前,目视投掷方向。

②用力顺序：做好准备姿势后，右腿髋部发力蹬地向投掷方向转动，髋横轴牵引肩横轴向前转动，肩横轴带动伸直的投掷臂，以大臂旋外带动小臂和手腕转动，把投掷臂翻到右肩后上方，形成"满弓"身体姿势，最后挥臂"鞭打"掷出标枪。

（2）徒手或持标枪做原地掷标枪准备姿裁用力顺序的模仿练习。

（3）"满弓"掷标枪练习。左脚在前，右脚在后，胸部前挺，标枪持于肩上稍后方，左臂微屈于体前，先做好"满弓"姿势。然后两腿蹬地，收复、挥臂"鞭打"将标枪掷出。

（4）原地掷标枪练习。练习时，着重掌握掷标枪的正确用力顺序。原地掷标枪技术，实际上是完整掷标枪技术中最后用力阶段的技术。因此，要重视原地掷标枪技术的教学。只有掌握好原地掷标枪技术，才能为学习和掌握完整的掷标枪技术打下基础。

第六章

中学生球类运动文化及课程建设研究

球类运动是指足球、篮球、排球、乒乓球、网球、羽毛球、手球、垒球等球类综合运动项目的总称。球类运动有着悠久的发展历史，是增强人民体质的重要手段之一，也是各级学校体育课教学的重要内容，对增强学生体质具有不可忽视的作用。

第一节 校园球类运动文化

球类运动是以不同种类的球,利用球门、球网、拍子、垒棒作为工具,进行攻守对抗中的投篮、射门、打过网以及击棒跑垒等为胜利目的的一种竞赛体育活动。球类运动都以球作为活动的工具,但是不是所有带球的体育活动都叫球类运动,如水球是水上运动,铅球是田径运动。

一、球类运动文化的内涵

(一)球类运动是一种社会参与活动

球类运动参与比较简单易行,又具有经常性,所以球类运动参与常被视作一种衡量社会参与程度的标志。球类运动参与是一种重要的社会参与。这种"参与"具体表现如下。

首先,人们在球类运动中不仅可以锻炼身心,而且可以发展人际关系。

其次,球类运动参与对培养社会成员的团队精神、民主意识都是十分重要的。

(二)球类运动是一种健康生活方式

球类运动对于调节生活节奏具有重要的意义。具体分析如下。

首先,绝大多数大球运动均采用快速而灵活的运动形式。参与球类运动,能够提高人体的适应能力,使人们顺利地调整,顺应不断加快的现代生活节奏。

其次,球类运动竞争性强,这种竞争是个体的竞争,更表现出集体团结竞争的重要性。现代社会竞争激烈,但是一个人的竞争力始终有限,因此只有通过团队协作才能真正在社会竞争中取得胜利,在现代社会中,集体精神和团队合作具有普遍的社会意义,随着社会竞争越来越激烈,必须要学会在竞争中寻求合作。球类运动对于个体合作意识、竞争意识、集体意识、团体间沟通协作能力的培养等具有重要促进意义。

最后,球类运动能够通过锻炼和提高人的机体素质来提高人体对快节奏生活的应变能力和耐受能力。球类运动比赛节奏快,需要耗费大量的精力和耐力,球类运动中运动者复杂的变化能使运动者丰富自身的情感体验,可提高情绪自控与调节能力。

(三)球类运动丰富了体育健身内容

内容丰富的体育健身运动中,球类运动占据非常重要的地位。在体育娱乐化发展的趋势下,球类运动在竞赛体育观赏娱乐不断丰富的同时,不断变化发展而形成的各种形式的大众性健身、娱乐活动,也成为国内外群众体育运动的热门体育健身运动项目,极大地丰富了人们的体育健身内容与健康文化生活。

二、球类运动文化对校园体育文化的丰富

(一)促进了体育文化建设经费投入

随着学校素质教育以及球类运动的不断开展,体育教育逐渐成为素质教育的重要环节,各个学校在转变观念的基础上更加主动关心体育工作,逐步增加了对体育的经费投入,将体育设施建设作为评估校园环境、教育环境的重要内容,球类运动物质文化的建设客观上为上级和学校增加体育经费投入实施了一定的压力。整个校园体育文化的建设,也由此有机会获得更多的资金支持。

(二)促进了体育思想文化的不断更新

校园球类运动文化发展要重视思想,制度、物质的多元发展,其中思想是核心。中学球类运动的开展需要有先进的运动思想,思想是灵魂,技术是筋骨,否则球类实践将是没有生机、盲目的身体活动。在校园球类运动教学中,教师重视球类运动礼仪文化的介绍,从文化礼仪入手,奠定学生学习球类运动的高素质起点。

通过积极的球类运动精神文化氛围,营造学生球类运动素养的不断提高,为中学校园体育文化建设提供了经验,更提供了良好的师生体育素养基础。校园体育文化的建设由此更加充满活力、更具创新的意识和可能。

（三）丰富了校园体育文化的底蕴

校园球类运动文化发展拓展了校园体育文化环境的空间，丰富了校园体育文化的内涵，提高了校园体育文化的品位。在中学球类运动文化建设中，丰富的球类运动文化不断激发广大师生对于体育参与的热情，同时，也丰富了校园体育文化的文化底蕴。

第二节　中学生球类课程建设研究

一、球类课程建设的原则

球类运动是体育的组成部分，体育属于上层建筑，体育与教育有密切的联系，体育有它的特性，同时体育也属于教育的范畴，都是为经济基础服务的。那么作为体育组成部分的球类运动，就必然包括教育和教养两种因素，它就是意识形态的发展和增强体质为标准。

这里谈的球类运动教学工作，是指教师如何传授知识，学生如何学习知识，以达到道德意志品质等意识形态的培养，增强体质提高技术水平。为了达到这个目的，就必须研究和掌握教学的规律和原则，否则教学工作就会起到事倍功半的效果。长期的实践经验总结了球类运动应按以下的教学原则展开。

（一）自觉积极性原则

自觉积极性原则，指的是教与学中的精神因素。明确教与学的目的任务，发挥教学中的主观能动性，才能使教学顺利进行。有自觉的精神，才能有积极的行动。在我们体育运动的教学训练中，有不少生动感人的例子。例如，中国乒乓球队这一先进集体，他（她）们按老运动员"人生能有几次搏"的精神，自觉积极地刻苦训练，为我国多次争取荣誉。又如中国女排的教练员、运动员，他（她）们经常地回忆周总理对我国排球事业的关怀，常常想起贺老总说的"三大球不期身，我死不瞑目"。他们自觉积极地在排球上翻滚了八九个春夏秋冬，终于实现了革命老前辈的教导和全国人民的期望。如果我们在教学中只传授知识和技能，不进行思想教育工作,或者以不健康的思想作为指导,往往是要失败的,即使暂时达到了某些教学效果,也不能持久。我们提的自觉积极性,是按我国的社会主义制度,意识形态和经济基础为标准的,我们不能像发达的资本主义国家那样,将汽车、别墅作为标准条件,应以人民的需要、祖国的荣誉作为学习的动力。体育运动的教学训练工作,既是脑力劳动,又是体力劳动,要达到良好的教学训练效果,就要克服许许多多的困难,为了掌握高超的技术,就要不怕流血流汗。球类运动是对抗性的集体项目,教学训练、比赛的特点是人多,个人和集体的地位要处理好,个人在集体之中,集体也体现个人的作用,因此要求教学训练中贯彻自觉积极性原则。

（二）系统性原则

辩证唯物主义认为,事物的发展规律是由慢到快,由简单到复杂,由低级到高级的过程,也就是从量变到质变的过程。人们认识掌握事物发展的规律,也就是从慢到快、从简单到复杂、从低级到高级的过程。球类运动的教学训练也应遵循这条原则。因为球类运动（无论哪项球类项目）的内容繁多,技术难度大,战术要求高,如果在教学中没有系统,就会使整个教学处于忙乱状态,产生那种东一拳头,西一棒子的现象。在青少年球类运动员培养中常发现,由于不执行系统性的教学训练原则,而是为一时的比赛需要,结果进入成人组时,由于身体、技术、战术不全面而报废。

为了保证系统性原则的体现,杜绝从兴趣出发或眼前的需要,必须制订好高质量的教学训练文件——教学大纲、计划,进度以及课时计划（教案）等。可以这样说,没有计划文件的教学是忙乱的、片面的教学。当然,计划并不等于结果,应在整个教学过程中不断地核查落实计划,有时出现修改计划,有时出现补课,这往往是贯彻系统性原则所需要的。

球类运动系统性原则的具体内容:身体训练的系统性;技术掌握的系统性:战术应用的多样性。一个球队的技术水平高低,就是这三个方面的综合表现,个人技术全面,能攻善守,球队有特点没有漏洞,都是体现球队系统性原则教学训练的结果。

（三）从实际出发的原则

从实际出发的原则,就是因时,因地、因人制宜,使自己的主观和客观相结合。球类运动的教学训练有自己的对象,学生、队员就是客观的实际。同时竞赛的对立面也是客观实际,如何掌握运动规律,根据教学训练对象的特长和条件去进行教学训练工作就要遵循实际出发的原则。

几十年来,我国球类运动的教练员和运动员,在训练和国内外的竞赛中,总结了一整套的教学训练经验,如排球提出的技、战术指导思想:"在技术全面的基础上,以攻为主,积极防守,发展高度,加强集体配合,实现快、准、活、狠"的技术、战术指导思想。这是根据我国排球运动员特点和国际竞赛的需要所设想的,实践说明是可行的。

在实际的教学训练中,学生、队员的特点有许多差别,如年龄、性别,身高、身体体质、技战术水平以及专业知识等都不一致,那么教学训练中就应有针对性地去解决这些差别。我们常讲的因材施教就是贯彻从实际出发的教学原则。

(四)直观性原则

直观性教学原则建立在唯物主义认识论的基础上。唯物主义认识论认为,人们的认识源于客观物质,认识过程是物质通过人体的感官获得生动的表象,发展为思维的能力。俗话说:"百闻不如一见。"这俗语生动地揭示了教学过程中直观性原则的重要意义,球类运动教学中,视觉重要于听觉。一项技术的教学,要讲解动作的名称,动作的结构、要点要求,更重要的是给学生、队员进行完整的、正确的示范。尤其是青少年运动员的模仿力强,完整、准确的示范往往能够缩短学生掌握动作的时间。直观性教学除了教师、教练员的示范外,还可以多利用教具、模型演示,以及电影、录像形式,以达到建立概念、掌握知识技能的目的。

(五)循序渐进原则

循序渐进原则是指教学内容、方法,以及运动量的安排,都要由易到难,由简到繁,由已知到未知,逐步深化不断提高。球类运动的技术繁多,战术应用复杂,教学中应遵循量变到质变的发展规律,否则会对学生的学习造成困难,影响教学的质量,甚至会损害身体健康等。我们不能在足球教学中,初学者开始就学习倒勾踢球技术,也不能在篮球教学中,还对未掌握好传接球的队员就开始学习全队快攻配合,这样,其结果是欲速则不达。

二、中学生球类运动课程技战术教学步骤

球类运动的技术繁多,战术复杂,技术与技术之间,技术和战术之间都有内在的联系。教学中应做到有计划、有办法、有措施地进行。在教学原则中,我们已谈到,球类运动的教学中应遵循由浅入深、由易到难、由简到繁,循序渐进地进行教学。教学中,既要发挥教师教练员的积极主导作用,又要调动学生、队员的主动积极性。教师要科学地讲解和示范以及利用各种教学条件,发现问题,解决问题,学生要通过反复的练习,提高技战术水平,争取较好的成绩。学生掌握技术的快慢、好坏,因素很多,但教学步骤是很重要的因素,这里讲的技术战术教学步骤主要是课堂教学的安排方法措施等。球类运动技、战术教学步骤具体如下。

（一）建立正确完善的动作概念

人们的认识过程是从物质到精神,又从精神到物质的不断前进。运动知识技能的掌握首先建立在动作概念的基础上。通过概念,了解掌握应用动作。球类运动技术战的概念包括以下内容:技战术的名称;技战术的结构要领;技战术的作用意义;技术战术的关系;技战术的发展等。为了使学生队员建立起完整准确的动作概念,教师必须善于进行示范与讲解。示范应做到准确逼真,既要完整的示范,又要分解重点突出的示范(尤其对那些复杂的高难度技术)。讲解要简明扼要,形象易懂。要善于运用示范配合讲解,这样才能使学生、队员建立起正确、完整的动作概念。

（二）在简单的条件下学习体会技术动作

球类运动技术动作的掌握到比赛中合理的应用有很大的距离。掌握技术的最终目的是在强烈的对抗中熟练地应用。但大量的技术动作的复杂性,不可能在接近比赛的条件下或在通过分队比赛中进行学习。

所谓简单的条件下,是指在时间上、空间上,距离变化上创造有利的条件,初步建立动作定型。也就是说,对抗性小,场地概念不过分地要求以及活动范围较小等,而难点在于动作结构的掌握。如篮球的教学,初学者学运球技术,不能一开始就要求高速度有对抗的条件学习;学传接球,也不能在远距离有防守的情况下学这项动作。又如排球,初学者不

能在大力扣杀的对抗中学垫球技术,也不能在变化多端的情况下学传球技术。只能在简单的条件下学习体会初步掌握动作。甚至有些复杂技术动作还需分解进行教学,就是将一个复杂的技术动作分成几个部分进行教学,一部分一部分的掌握,最后连成整个动作。如排球的扣球技术常分助跑起跳、挥臂击球等部分进行教学。又如足球的倒勾技术也需分解教学。

（三）在复杂的条件下学习掌握技术动作

在简单的条件下初步掌握技术之后,应给技术动作提出新的矛盾。对抗性的球类运动,场上的比赛,处处充满矛盾。矛盾来于对方,同时也来于本方,这是球类竞赛的规律。这里所指的复杂条件,指比赛中常常出现的情况和规律。任何技术动作都应在这种条件下掌握和提高。复杂的条件具体地表现在时间、空间、距离、方向等有复杂的变化。在这种条件下学习,既能发挥队员的主观能动性,克服困难的精神,也能不断地增强队员活动技巧。下面举个具体技术例子。如排球的扣球,固定二传高度、弧度、方向落点等是简单条件的话,二传不同的高度、弧度、方向、落点等就是复杂的条件。在教学训练中,我们常说,教练员要善于给队员出难题,就是教练员掌握比赛的规律要求队员克服各种各样的困难达到提高的目的。在竞赛中,我们也发现这样的现象:一个篮球队赛前的上篮很漂亮,一个排球队赛前扣散球个个都响,可比赛起来各环节连不上,这往往是训练条件过于简单的结果。当然不是说条件越复杂越好。复杂的程度要从队员的水平出发,力所可行,同时不能脱离比赛的规律,不是盲目地创造复杂的条件,一切从客观实际出发。

（四）在接近比赛的条件下学习掌握技术动作

为了使所掌握的技术动作能在比赛中应用,各项技术常常安排一些过渡性练习。接近比赛条件下的练习指的是有场地概念(或缩小场地)、有一定的对抗性,以及人数增加(小组甚至全队)等。这样,不仅初步掌握技术的应用,同时也初步建立战术的概念。如篮球的一打一、二打二,排球的战术配合等,都属接近比赛的条件下学习掌握技术。实践证明,教学中,当学生初步掌握技术规格之后,挨着安排接近比赛的条件下学习技术动作比马上进行比赛应用的效果良好,这是球类运动教学贯彻循序渐进的一个环节。

（五）在比赛中巩固提高技术动作

球类运动技战术教学训练的最终目的是比赛中熟练地应用技术，把技术形成牢固的战术基础，同时提高战术的效率。教学中常常有两种不合理的现象：一种过分强调规格，总是单调地进行一般性的练习，这样会影响学生学习的积极性，学生、队员的技术动作很好，可比赛中不会应用；另一种是过于强调比赛中掌握提高，忽视正规的动作规格，这样的球队，比赛中看起来很活跃，可技术衔接差，战术配合不起来，胜不了球。可以简单地说，一般的练习方法是打好动作基础，比赛是提高动作的技巧。

比赛的种类很多，有教学比赛、友谊比赛、正式比赛，为了达到提高水平的目的，比赛就应有计划、有措施地进行，提出技术应用的具体目的的任务条件，以促进技术的提高。如规定比赛中技术应用的数量、质量指标，并采取一些具体措施。如篮球的教学比赛中，规定快攻得分为四分；如排球教学比赛中，规定快攻战术成功算两分等，有时甚至超过规则要求，促进队员在比赛中提高技术。

三、中学生球类运动课程建设路径

（一）思想引领，整合教学内容的育人功能

一是思想教育，任何一项工作都必须重视思想教育工作，球类运动训练工作也是这样。思想工作的好坏反映业务工作的好坏。训练工作的思想教育工作除了进行党的基本知识、培养无产阶级接班人的思想教育之外，应结合体育事业和球类事业的实际做思想教育工作，如忠诚我们的体育事业、为攀登世界球类高峰的雄心壮志、为国争光等。

二是作风的培养，有怎样的思想就有怎样的作风，作风又是在平常的训练中培养的，所以训练计划中必须有作风的培养。作风的培养要根据队和队员的优缺点，通过训练培养以下作风：勤学苦练、勇猛顽强，善于胜利、敢于创新、团结协助的集体主义思想和高度的组织纪律性等。

（二）制订球类教学计划

没有计划的工作等于盲目的工作，训练工作与任何工作一样，是属于科学的实践。学生思想意志品质、身体、技术、战术的形成和提高有着复杂的过程,因此必须有目的、有计划地进行。一项完善的训练工作计划,能做到有组织、有系统、有步骤地进行训练工作,避免训练工作的盲目性。

训练工作计划,是领导(领队)、教练员和队员(学员)统一思想的产物,同时训练工作计划又可以帮助领导、教练员、队员明确自己的训练工作的总的任务和阶段的任务,总的工作重点和阶段的工作重点。明确自己努力的方面,解决问题的关键。由于训练工作计划全面地安排了训练工作的时间、内容和指标,这就便于检查工作,总结经验及教训,积累训练和科研资料,以便研究训练工作规律,提高球类课程教学水平。

(三)球类教学组织形式体现"以学习教育为中心"的理念

当前,球类课堂教学已经不再是学生获取球类运动知识、技能的唯一途径,学生可以通过图书馆、网络、科研、社团、俱乐部、校园文化活动等多种途径获取球类知识、技能和健身方法,获取渠道日益多元化。因此,球类教师的"专家"角色正在发生变化,"以教师为中心"的教学模式受到挑战,"以学习教育为中心"的教学成为改革主流。

(四)构建全面贯通的球类课程教学评价体系

1. 评价目的要明确

之所以要进行球类课程教学评价,主要是为了下列两个目的。

第一,对球类课程建设与实施的有效性以及篮球教师的业务能力进行检查,从而增加了解,并根据评价结果而提高篮球教师的专业教学能力。

第二,对学生的学习效果加以了解,判断球类课程教学质量,根据评价中发现的问题而优化教学过程,提高教学质量。

只有将球类课程教学目的明确下来,才能有的放矢地开展篮球课程教学评价工作。

2. 评价内容要全面

在球类课程教学评价中,不能只进行技评,即评价学生的球类运动技能水平,还应该评价学生的身心健康水平,要构建全面的评价内容体系。通过全面评价,既能了解学生掌握了哪些球类知识,学到了什么球类技能,对球类知识和技能的掌握程度如何,又能了解学生通过球类学习而在体质健康、运动能力、心理品质以及其他能力方面发生了什么样的变化,了解预期的教学目标是否已实现及实现程度如何。

3.评价指标要具体、可操作

球类课程教学目标是多维度的,在球类教学评价体系的构建中,应将多维度的教学目标体现在对评价指标的选择中,所选的评价指标要涉及球类教学目标的各个维度,并要有相应的灵活的评价方式。评价指标应满足具体、可操作等要求,从而提高评价工作的效率,顺利完成评价。

4.教学评价要分层

由于不同年龄学生的个体差异很明显,而且不同年级篮球教学内容、方法都有差异,因此要针对不同的教学对象选择不同的评价指标、评价内容及评价方法,实施针对性和分层评价,提高评价的准确性、科学性及有效性。

5.评价结果运用要合理

球类课程教学评价是对球类课程实施过程及效果进行检验的基本手段,教学评价具有激励功能,能够对学生自主学习起到激励作用。在完成球类课程教学评价之后,要分析评价结果,充分运用评价结果,从而对学生的学习过程、结果进行准确的分析与判断,了解学生的收获与不足,并为完善今后的球类教学提供科学依据与有效帮助。利用评价结果的反馈功能也能使学生对自己的学习情况有所了解,使学生发现自己的不足,从而在今后的球类课上重点学习自己落后的部分,并不断强化自己的优势,以全面提升学习效果,实现全面发展的目标。评价结果的反馈功能对球类运动教学的教师调整教学进度、完善教学过程、改良教学方式也有重要意义。

第三节　中学生球类运动教学实践

一、足球技术教学实践指导

（一）足球无球技术动作

1. 跑

跑是一切运动的基本功，在足球运动中也同样占有十分重要的地位。比赛中，跑得快就能夺取时间上的优势，争取攻防的主动。

运动员跑速的快慢，主要取决于腿部力量、速率、合理的跑的技术以及柔韧性、关节的灵活性和内脏器官的功能。因此，采用提高运动员奔跑速度的训练手段，必须从上述几个方面去考虑。对青少年运动员来讲，应特别注意掌握合理的跑的技术。

从田径运动的角度来看，正确的跑的技术要求运动员充分后蹬和抬高摆动腿的大腿，力求跑得放松、协调、自然。这种"田径式"的跑对足球运动员来说，基本上是合适的。尤其是在无球人向空当跑动策应或带球已经超越对方时，跑的姿势、动作和田径运动员大致相同。

但是，由于足球运动员在球场上的活动是以球作为刺激信号，在激烈对抗的条件下进行的，跑动中要随时准备变换速度和方向。所以，运动员在快跑时，一般要注意重心低、频率快、步幅小，以便于掌握身体重心，及时地急停或转身。

此外，快速的运动也是提高运动员速度的一个重要方面。因此，运动员在比赛中应经常保持动的状态。在原地站立时，也要求把重心移在前脚掌上。这样不仅便于起动，而且也有利于及时变换跑的方向。

2. 跳

在足球运动中跳的技术运用，主要是为了争夺空中球。

根据起跳的动作，可以分为单脚起跳和双脚起跳两种。在原地起跳时，一般采用双脚起跳。助跑起跳时，则多采用单脚起跳。

3．转身

在比赛攻防的不断交替中，由于球的位置经常变换，运动员要不时向各个不同方向做转身跑。转身时首先要能很快地制动由于奔跑而产生的身体前冲的惯性。因此，最后踏地的脚要稍向内收，要用脚的外侧部位抵住地面，以抵消身体向前的力量。同时，身体的重心要低一些，以便于迅速转变方向。

4．身体假动作

主要是借助身体的虚晃动作摆脱对方的紧逼，以便更好地处理球。

从上面简单叙述中可以知道，无球情况下的各种动作对足球基本技术的运用有着很大影响，因此，对于无球球员技术的掌握和提高，必须给予应有的重视。

（二）足球有球技术教学

1．踢球

（1）脚弓踢球

脚弓踢球是用脚内侧部位踢球的一种方法。其特点是脚与球接触的面积较大，容易控制出球方向，适用于中、近距离的传球和射门。

动作要领：

直线助跑，支撑脚踏在球的后方15厘米左右处。膝关节微屈。踢球腿以髋关节为轴自然后摆。当向前摆动时膝盖外转。脚尖翘起，使脚掌与地面平行。脚弓正对出球方向，脚腕绷紧，踢球的后中部。

（2）正脚背踢球

正脚背踢球是用脚背的正面部位踢球的一种方法，故亦称脚背正面踢球。由于这种踢球方法腿的摆动与髋、膝关节的结构相适应，便于加大摆幅和摆速，而且脚与球接触的面积也比较大。因此，踢出的球准确而有力。常用于中、远距离传球和射门。

动作要领：

直线助跑，最后一步稍大并积极着地，支撑脚踏在球侧约10～15厘米处，脚尖正对出球方向，膝关节微屈。同时，踢球腿向后摆起，膝弯曲。在支撑脚着地的同时，以髋关节为轴，大腿带动小腿由后向前摆。

当膝盖至接近球的垂直上方的刹那,小腿加速前摆,使整个摆腿形成"鞭打"动作。击球时,脚面绷直,脚趾用力下扣,以脚背的正面踢球的后中部。踢球后,踢球腿随球前摆,身体前移(图6-1)。

图6-1 脚背正面踢球

（3）里脚背踢球

里脚背踢球亦称脚背内侧踢球。它是用脚背的内侧部位踢球的一种方法。里脚背踢球的优点是容易转换出球方向,便于掌握出球的速度、弧度和控制球的落点。因此,是中、远距离传球和射门运用最多的一种脚法。

动作要领:

与出球方向成45°角斜线助跑。支撑脚踏在球侧25～30厘米处,脚尖指向出球方向,膝微屈,上体稍向支撑脚一侧倾斜。踢球腿后摆时,腿和脚稍向外转,脚尖斜指前下方。踢球时,大腿带动小腿,小腿加速前摆,脚面绷直,以脚背内侧部位击球后中部,踢球后,踢球腿和身体重心随之前移(图6-2)。

图6-2 脚背内侧踢球

（4）外脚背踢球

外脚背踢球是用脚背的外侧部位踢球的一种方法,也叫脚背外侧踢球。它的特点是脚触球的面积大,准备动作小,能有效地利用摆腿用力方向的变换和脚腕的灵活性,改变出球的方向和性能,使击球动作具有隐蔽性。它适于踢向外旋转的弧线球,常用于各种距离的传球和射门。

外脚背踢球的动作要领,基本上与正脚背踢球相同,只是踢球脚的膝关节和脚尖向内转,脚面绷直,脚趾扣紧,以外脚背部位触球。

踢弧线球时,支撑脚踏在球侧 20 厘米左右处,身体稍向支撑脚一侧倾斜,踢球的侧后方(偏支撑脚一侧)部位,同时,脚腕用力切削球。踢球后,踢球腿顺势向支撑脚一侧前上方摆出。

2. 接球

接球是用身体的各个部位(除手外)将来球接住,置于自身控制范围之内的各种动作方法。接球本身不是目的,它是为传球、带球过人和射门服务的。因此,接球动作应力求快速、简练、多变,并能和下一个动作紧密地衔接起来,按照球与身体接触的部位来分,常用的接球方法有:脚内侧接球(图 6-3)、脚外侧接球、脚底接球、脚背接球、大腿接球(图 6-4)、胸部接球、腹部接球、头部接球八种。其中以脚内侧和脚外侧接球运用得最多。

图 6-3　脚内侧球

图 6-4　大腿接球

不论采用哪一种接球方法。要把球接好,都应做到以下几点。

（1）判断好来球,主动迎球。

（2）正确的确定支撑脚的位置。

（3）脚触球时,以"撒""收"等动作缓冲来球力量,或做"拨转""推趟""提切""下压"等动作,改变球的前进方向,用以抵销球的前进力量。

（4）紧密衔接下一个动作。

在所有接球动作中,"迎撒"是接球的主要方法。

3. 带球与带球过人

带球是跑动中用脚连续推拨球,使其保持在自己控制的范围内的动作方法。带球过人则是利用合理的带球动作越过对手的方法。在比赛中,合理地运用带球和带球过人,可以调整进攻节奏,转移进攻目标,摆脱对手阻截,突破对方防线,为传球和射门创造有利机会。带球,按球运行的路线,可分为直线带球和曲线带球。按脚触球的部位,则可分为脚背外侧带球和脚背内侧带球。带球时,两眼要兼顾球和场上的情况。带球跑动要自然,步子要小而快。脚接触球时用力不宜过大,应以推拨动作推球前进。在没有对方阻截或已经越过对方的情况下,可以把推球的距离适当加大,以便更快地向前推进。如遇对方争抢时,要善于用身体护球。

带球过人常用的基本动作有:拨球、拉球、扣球、挑球、推球和桶球。

拨球:是用脚背内侧或外侧部位拨动球,使球向侧方或侧前方移动的动作。比赛中,如遇对手从正面来抢,一般可先带球过近对手,诱使对手伸腿上抢,然后运用拨球动作,从对手一侧越过。

拉球:一股是指用脚底将球从前向后或向两侧拖的动作,当对手伸腿上抢时,可用拉球动作向后拖球,使对方失去重心,然后紧接着转身推球前进。

扣球:是运用转身和脚腕向里、向外的转扣动作,以脚内侧或外侧部位触动球,将球迅速盯住成转变方向的动作。用脚背内侧扣球的动作称"里扣",用脚背外侧扣球的动作称"外扣"。带球过人时,当用扣球动作改变球的运行力向之后,应迅速用推拨球的动作越过对手。

挑球:是用脚尖上提的动作,用脚背上流的动作,引球向上改变方向,从对手身侧或头上越过的动作。一般在对手上来争抢空中球,反弹球或云顶的球时,多运用这种方法过人。但挑起的球不要太高,否则球在空中运行时间过长,易被对手截获。

推或捕球:是用脚内侧据或用脚尖捕的动作,使球向前滚动。在比赛中,遇到对手从正面或侧面上来抢球时,如果抢球者的起动速度较快,并且在他前面纵深距离较长的情况下,可运用推球的力法过人,使球从对手的跨下或身侧越过对手。有时如果球离管球者较远,则可用脚尖插的动作,使球越过对手。

4. 头顶球

运用头部来支配球的动作方法称头顶球。头顶球是传球、射门和抢截球的有效手段,在进攻和防守中都起着重要作用。

头顶球的方法,按头接触球的部位,可分为前额正面顶球和前额侧面顶球。运用这两个部位都可以做原地顶球(图 6-5)、跳起顶球(图 6-6)和鱼跃顶球(图 6-7)。按照出球方向的不同,又可分前顶球、向侧顶球和向后顶球。

图 6-5　原地头顶球

图 6-6　跳起顶球

图 6-7　鱼跃头顶球

顶球过程中,一般应做到:

(1)正确判断来球,选好顶球位置。

(2)顶球时一般应在身体垂直部位击球。

(3)头与球接触的部位要正确。

(4)蹬地、屈体、甩头等用力动作要协调一致。

(5)在顶球的过程中,切忌闭眼缩脖。

(6)跳起顶球,身体在空中应注意保持平衡。

5.抢截球

抢截是将球从对方控制下夺过来或破坏掉的一种防守技术。它是转守为攻的积极手段。在现代全攻全守打法中,要求每位运动员都必须掌握良好的抢截技术。

抢截球包括截球和抢球两个方面的内容。截球是把对方队员间传出的球堵截住或破坏掉。抢球是用规则所允许的条件和动作,把对方控制的或将要控制的球夺过来、踢出或破坏掉。抢球可分为迎面抢球、侧面合理冲撞抢球和侧后方铲球。

侧后方截球又有同侧脚截球和异侧脚铲球两种方法。

抢截球的要点是:

(1)站好位置。给截球对方保持一定的距离(约一大步左右),以便伺机进行接截。

(2)判断准抢截时间。当对方背向接球时,要大胆上前截球,或紧堵对方身后进行逼抢。在对方控制好球并面向自己时,不要轻易扑球。

掌握抢球的时机,一般是在对方推触球后,球离身体较远的一瞬间进行抢球。

(3)要紧密衔接下一个动作。在抢截过程中,身体重心移动要快,以便连续抢截或抢得球后尽快控制、处理球。

6. 假动作

假动作是运用各种动作假象,迷惑和调动对方,以便更好地实现自己真实意图的动作方法。

假动作的形式很多,大致可分为无球和有球的假动作两类。无球假动作包括:(1)速度假动作;(2)变向假动作;(3)抢球假动作。有球假动作有:(1)传球假动作;(2)接球假动作;(3)带球过人假动作;(4)顶球假动作。

假动作能否产生预期的效果,主要取决于下列因素:(1)假动作要给人以逼真的感觉,使对方不得不防;(2)假动作与真动作的衔接时间要恰当,也就是在对方产生相应的反应时,由假动作转变为真动作时要突然、快速,使对方来不及做出第二个反应;(3)当对方反应迟钝时,要相机变假为真。这样才能使对方真假难分,防不胜防。

7. 掷界外球

在比赛中,球越出边线时,由最后触球队员的对方在球出界处掷界外球继续比赛。

掷界外球有原地掷界外球和助跑掷界外球两种。不论采用哪种方法,动作都必须符合规则要求。掷球者要双手持球置于头的后方,面向场内,两手均衡用力,以一个连贯的动作将球掷出。同时,任何一脚不得全部离地。在掷球的过程中,要使蹬地、屈体、摆臂以及扣腕动作的用力协调一致。

8. 守门员技术

守门员是全队的最后一道防线,他的主要职责是消除对方射门所造成的威胁和接球后迅速组织反攻。

在比赛中守门员常用的技术有接球、扑球、拳击球、带球、掷球和踢球。在接球和扑球前,守门员还要正确选择位置,有良好的准备姿势且便于快速合理地移动。

接球是守门员最主要的技术。它包括接地滚球、接平直球、接高球等内容。当守门员来不及用上述接球动作时，常采用扑球动作把球接住。扑球是守门技术中难度较大的技术动作。

二、篮球技术教学实践指导

（一）移动

移动包括起动、急停、滑步、跨步、后撤步、转身变向跑、变速跑、侧身跑和后退跑等。

1. 移动动作要点

移动的脚步动作结构是以踝、膝、髋关节为轴的多个运动动作所组成，上肢加以配合，特别是脚、腿、腰、胯的协调用力对控制和转移身体重心，保持身体平衡，起着主动的支配作用。移动动作都是通过前脚掌蹬地、跟地的用力或脚跟先着地的制动抵地来实现的。因此，必须充分发挥腿部伸展的力和腰、胯的协调配合，使人体内力和外力很好地结合，从而加大脚对地面的作用力，以利用地面的反作用力来克服人体重力和惯性力等，才能保证身体平衡的控制和转移，使人体获得起动、起跳、旋转和制动等位移的变化。

（1）起动。起动时以跑动方向异侧脚的前脚掌内侧做短促有力地蹬地，以腰带动全身。

（2）跨步急停。先向前跨出一大步，用全脚掌着地，屈膝、重心下降，同时身体后坐，第二步着地时身体稍侧转，屈膝内收，前脚掌内侧着地，上体稍前倾，重心落在两脚之间，保持身体平衡。

（3）跳步急停。用单脚或双脚起跳，上体稍后仰，两脚平行或前后同时着地，屈膝，重心落在两脚之间，两臂屈肘微张，保持身体平衡。

（4）侧滑步：向左侧滑时，左脚沿地面向左跨出，落地的同时右脚蹬地向左滑动，保持较低姿势。滑动时注意身体不要上下起伏，重心应在两脚之间，左臂侧伸右臂前上伸。

（5）前滑步：用后脚有力蹬地，推动身体前移，后脚随着前脚向前滑动。

（6）后滑步：用前脚有力蹬地推动身体后移，前脚随着后脚向后滑动。

（7）跨步：以一脚为中枢，另一脚向前、向侧、向后跨出。

（8）后撤步：用前脚掌内侧蹬地，加上腰部用力向后转动，同时后脚蹬地面，前脚后撤，紧接滑步保持防守姿势和位置。

（9）转身：重心移向中枢脚，移动脚和前掌蹬地跨出的同时中枢脚以前脚掌为轴碾地，上体随着移动脚转动向前或向后转变身体方向。

（10）变向跑：以从右向左为例。最后一步用右脚前脚掌内侧用力蹬地的同时，脚尖稍内扣，迅速屈膝，腰部随之内转，移动重心，上体向左前倾，左脚向左前方跨出一步并用力蹬地，右脚迅速随着向左前方继续加速跑动前进。

（11）变速跑：加速时要用前脚掌短促有力地向后蹬地，同时上体稍向前倾，前两三步要短小加快步频，减速时步幅稍大，上体直起，前脚掌用力抵地减缓向前的冲力从而减低跑速。

（12）侧身跑：头部和上体应放松转向球的方向脚尖对着前进方向，既要保持跑速，又要观察场上情况。

（13）后退跑：要用两脚的前脚掌交叉蹬地提膝向后跑动。

注意提踵，上体放松直起，两臂屈肘相应摆动。

移动技术的重点、难点是降低重心和有力蹬地。

2. 教学方法

（1）练习基本站立姿势：学生站成体操队形完成基本站立姿势练习。

（2）体会移动动作要点：学生按体操队形基本站立姿势进行各种移动练习，可以边练边讲、讲练结合，着重体会动作要点。

（3）按口令练习移动动作：学生按体操队形基本站立姿势听教师口令或看教师手势进行各种移动练习。

（4）结合实践练习：两人一组一攻一守，结合实践练习各种动作，进一步巩固提高动作质量。

（5）在篮球场内练习：利用篮球场上的线圈和固定目标进行各种移动练习，要求学生注意观察场上情况。

（6）利用障碍物练习：利用各种障碍物进行移动练习，要求学生注意观察合理运用。

（二）传、接球

1. 传、接球动作要点

传球无论采用哪种方式都是全身协调用力，最后通过手腕和手指力量完成的。运用最多的中近距离传球，主要是靠前臂的伸摆和手腕、手指的用力而进行的。手腕、手指力量作用于球的正后下方，则球的飞行向前上方，而且是弧线飞行的；手腕手指作用于球的后上方，则球向前下方击地成折线弹出（反弹球）。在球即将离手的一刹那，用力越大，发力越快，球飞行的速度就越快。同时蹬地腰腹和手臂用力与腕、指的协调配合也是不可忽视的，特别是前臂的动作，不仅关系到出球的速率，而且它的伸、摆甩、绕等各种不同的用力方法，可以增加出球点，扩大击球面，提高传球的灵活性，从而增强其威力。接球时眼睛要注意视球，肩臂放松，手臂伸出迎球，手指自然分开，当手触球时应立即屈肘，缩臂后引，以缓冲来球力量，两手握球，保持身体平衡，以便做下一个动作。

2. 教学方法

传、接球的方法很多，主要有原地双手胸前传（图6-8）、接球和原地单手肩上传、接球（图6-9）等最基本的传、接球方法。

图6-8　双手胸前传球

（1）徒手模仿原地传接球练习：学生成体操队形站立，按教师口令做徒手模仿原地传球练习，体会动作要点。

（2）原地传球练习：学生面对面站成两排，两人一球，相距3~5米，熟练后还可进行传接球计数比赛。

（3）圆形传球接球练习：学生分组站成圆圈，半径约5米，圈内站两人各持一球,向同一方向做追逐传球练习,最后可做追逐比赛游戏,也可在圈内站五个人做连续传接球练习,或站七个人做隔人接球练习。

（4）三角形站位传接球练习:将学生分成三组,每组 4~5 人,成三角形站位进行传接球练习,每名学生传完一次球后站到排尾或三组学生成顺时针(逆时针)轮转换位。

（5）多角站位练习:四角形成五角形站位的传接球练习。

（6）短传推进练习:两人或三人短传推进练习行进间传接球技术,要求学生传球应有提前量,用侧身跑完成动作;注意不要"走步"违例。

（7）与其他进攻技术结合练习,如投篮、运球等。

图 6-9　单手接球

（三）运球

1.运球基本动作

运球的基本动作一般是两脚前后开立,两膝微屈,上体稍前倾,两眼平视。运球的手臂弯曲,以肘关节为轴前臂做上下伸屈动作;另一手臂肘外展,以便保护球和维持身体平衡。运球时伸前臂,屈手腕和手指,手指自然张开,用手指和指根以上部位触球,以缓冲向上的反弹力量,控制球的反弹高度、速度和角度。

图 6-10 高运球

图 6-11 低运球

2. 教学方法

在运球的时候,教师要让学生掌握正确的运球方式,即运球时手指应自然分开,用手指及指根部按压球,以肘和肩关节为轴上下摆动,手腕控制球的反弹方向、速度和高度,手触球的部位控制球的方向。

在进行篮球教学时,教师应该注重对学生进行思想品德教育。在篮球比赛中,培养学生讲道德、讲文明、守纪律和服从裁判等品德;在篮球练习中,提高学生灵敏、力量和弹跳等身体素质,培养其勇敢、机智、果断等道德品质和团结合作的集体主义精神。

(四)防守

以抢球为例,防守者趁持球者保护球不当或分散注意力时开始抢球。动作迅速果断,控制球后,利用拧、拉和身体扭转力量迅速收球,从而完成夺球动作(图 6-12)。

图 6-12 抢球

（五）投篮

投篮是进攻队员为将球投入篮筐而采用的各种专门动作的总称。投篮是进攻技术，是篮球比赛中得分的唯一手段，是整个进攻的中心环节和最终目的。

投篮时用下肢蹬地发力，腰腹用力向上伸展，手臂向前上方伸直，手腕前屈或翻转手指拨球，用全身综合协调的力量将球投出。一般投篮距离越近身体综合用力的程度越小，故以手指和手腕的动作为主。远距离投篮时，身体综合用力的要求要高一些，特别是手腕与手指调节力量的能力要求更高。因此，投篮时身体各部位肌肉用力要互相配合，连贯协调，才能合理地完成投篮动作。

投篮的动作主要以原地双手胸前投篮和原地单手肩上投篮（图6-13）为主。教师可根据需要适当增加行进间投篮的内容。

教学方法：

（1）原地投篮练习：学生成体操队形站立，做投篮的模仿练习；两人一组面对面的投篮练习，对墙投篮练习，投篮练习距离可由近到远，注意用正确手法完成。

（2）定点投篮练习：投篮后跑到篮下接球传给下一个队员，然后回到队尾，如此依次进行。

图 6-13　原地单手投篮

（3）各种角度、距离和姿势的投篮练习：要求由近到远，由易到难进行练习，出手投中者可连投，不中者换人。

（4）罚球比赛：规定好每人罚球次数，最后看谁罚中次数多。

（5）投篮比赛：将学生分成人数相等、力量平均的几个组，每人在罚球线投篮一次跑到篮下接球补球一次，然后传球给下一同伴，各组将进球数加在一起，进球数多者为胜。

（6）分组练习行进间投篮：要求行进速度先慢后快，接球方向由易到难。

（7）两组传接球上篮练习。

（8）两组运球投篮比赛，看哪组先完成规定指标要求。

三、排球技术教学实践指导

排球的教学任务，是使学生通过游戏的方法熟悉球性，学习最基本的排球知识、技术和游戏方法，发展速度、力量、弹跳力等身体素质，训练迅速判断和控制身体的能力，培养敏捷、果敢、顽强的心理品质和团结协作、遵守纪律等作风。

（一）排球的准备姿势和移动

准备姿势的特点是身体稍下蹲，重心下降在两脚之间，脚尖稍内扣，上体稍前倾，两臂屈肘于胸前，两眼注视球的方向。

教师应教学生学会正确的准备姿势，并在练习中纠正学生动作的错误，为掌握快速移动或完成其他技术动作打下基础。

移动是在准备姿势的基础上变换重心位置，使身体向某个方向移动的步法。移动的步法应根据来球的方向、弧度、速度、落点和远近来决定。教师在教学过程中应安排各种机会让学生练习移动,并进行个人和集体的练习。

在练习过程中,教师应该采取各种方式让学生进行准备姿势和步法移动的练习,同时也可以和发展学生身体素质相结合,提高学生的运动水平。

教师在指导学生进行准备姿势和步法移动的练习时,要注意与其他动作相结合。由于准备姿势和移动是各种传球、垫球的基本动作,所以学好准备姿势和步法移动为以后的排球学习打下了基础。

(二)发球

发球也是排球活动中比较重要的一环。它是指在规定的区域内,用一只手将球直接击入对方场地的一种击球方法。发球有正面下手发球、正面上手发球和侧面下手发球等。学好排球的发球可以为以后进一步学习排球技术打好基础。

教师在教学时可以先让学生做各种姿势发球的模仿动作和抛球动作,使其体会抛球用力方法和适当的高度。

组织学生分组进行对面发球练习。开始可以降低拦网的高度,随着学生对动作掌握熟悉程度的加深逐渐提高网的高度。

将学生带入正式的排球场地,让学生在发球区内练习发球,使其体会发球时所应使用的力量。

教师要指导学生学会各种发球姿势的技术要点。例如,进行正面下手发球要做到"一低、二直、三跟进",也就是抛球的高度要低,挥臂击球时手臂要伸直,击球后后腿顺势跨出。

侧面下手发球要注意抛出球的位置在身体正前方,高度和离身体的距离要适当,以转体带动摆臂击球,手臂摆动路线由后下向前上方。击球时要击球的后下方。

教师在教发球时,应先教侧面下手发球,再教正面下手发球,最后教正面上手发球。教发球方法时应先让学生进行徒手模仿练习,再做发球时的抛球动作,最后结合吊球让学生体会完整发球动作,过渡到正规的发球练习,使学生真正体会发球的正确动作。

（三）传球和垫球动作

传球和垫球是排球动作中比较基本的技术动作。传球一般指上手传球。小学阶段主要学习双手上手传球的基本方法，体会用手指、手腕力量弹球的动作，能够比较协调地将球传出。垫球是接发球扣球和后排防守的主要方法。小学阶段主要学习双手下手垫球方法，要求能够比较协调地将球垫起。

在教传球和垫球这两个动作时，教师可以先让学生做传球或垫球的模仿练习，在此基础上再做手型练习，让其体会动作要领和掌握手型动作。

接下来让学生练习吊球，体会击球点和击球部位。之后，进行自抛传、一次传、垫练习和自抛、自传、自垫球练习，或对墙做连续传、垫球练习，体会由脚、腿、上身、臂、手型、击球点、出手动作和协调顺序。

教师可以将学生分成小组，练习传、垫球的动作，使其能够熟练掌握动作要点，然后可以用低网进行小型的传垫球比赛。

在学习过程中，教师要严格要求传、垫球的手臂动作规格，及时纠正学生所犯的错误。在练习时，要随时做好准备姿势。垫球时身体重心低一些，传球可稍高些。准备姿势要有利于随时向各方向起动，而且还要根据球的方向、速度和落点，选好接球位置。

教师一定要教学生用正确的手型去击球，上手传球要两手自然张开，成半圆形，手指自然弯曲，两拇指成"八"字，以拇指内侧、食指和中指的前三个指关节，无名指的一个指关节和小指尖同时在10~20厘米处与球接触。垫球时要对准传球方向，降低重心，插手球下，两臂夹紧成一平面，肘关节伸直，前臂垫球，蹬腿提肩，抬臂协调用力把球垫到适当位置。

练习的方式要多种多样，一般可采取游戏和比赛的形式，使学生在运用中掌握排球技巧，了解排球运动知识。

（四）扣球

扣球是排球运动中有效的进攻手段。扣球的程度比较大，中学阶段主要学习扣球技术的基础，主要内容是正面屈体扣球动作。扣球动作由助跑、起跳、空中击球和落地四个环节组成。

教师要先做好完整的动作示范，使学生了解扣球动作的方法和要点。在练习时应先做好活动准备,将全身关节放松,可做屈膝、蹬地向上摆臂起跳练习。先让学生徒手模仿扣球动作,然后让学生练习助跑起跳,选准起跳点,掌握好起跳时间,用全力起跳达到最高点时击球。刚开始可让学生练习起跳触高物,起跳触固定球,接着练习扣网前固定球和抛起的空中球。

在扣球以后,双脚要同时落地,并以足尖先着地过渡到全脚,屈膝缓冲。

在整个动作的练习过程中,教师要在旁边给予指导,及时纠正学生扣球时所犯的错误,并防止意外的伤害。

中学排球网的高度一般是 1.80~2.0 米,随学生扣球能力的提高和身高的增长而逐步升高。在教学时,还应该把扣球教学与排球其他技术练习结合起来,并运用游戏和比赛的形式来提高学生的练习兴趣。

在教学中,教师还要注意学生的安全,要教给学生防止意外扭伤手指和脚的方法。在排球的教学中,教师要根据学生的年龄特点和教材本身的体系来安排教学任务。可以增加一些适当的内容,对一些不太适合自己学生特点的内容也可以略去,但一定要保证学生对于排球基础知识的学习和基本技能的训练。

在练习时要注意练习方法的多样化,采取游戏的方式和比赛的方法来引起学生学习的兴趣,并采取循序渐进的方式,使学生从易到难逐渐掌握排球的动作方法和动作技能。

在排球教学中要贯彻思想品德教育,发扬学生的集体主义精神,培养学生的纪律性原则,并可以用女排精神为例教育学生要培养顽强拼搏的精神,从小就让他们形成“为国争光”的信念,为以后的学习打下思想基础。

第七章

中学生武术运动文化及课程建设研究

武术是以技击动作为主要内容,以套路、格斗和功法等为运动形式,注重内外兼修的中华民族传统体育项目。武术是中华民族宝贵的文化遗产,是中华民族的传统文化奇葩。武术文化教育传承的内容既包括武术招式等外在形态,也包括武德精神等内在形态。武术文化教育传承在一定程度上存在思想认识错位、课程建设效度不足、教学方式单一、文化内涵挖掘不够等问题。强化武术学科建设、深化武术课程改革、加强武术师资培育、搭建武术育人平台是有效提升校园武术文化育人传承的重要途径。

第一节　校园武术运动文化

一、武术的形成与发展

武术、打拳和使用兵器的技术，是中国传统的体育项目。武术又称"国术"或"武艺"，其内容是把踢打、摔、拿、跌、击、劈、刺等动作按照一定规律组成徒手的或器械的各种攻防格斗功夫、套路和单势练习。武术具有极其广泛的群众基础，是中国人民在长期的社会实践中不断积累和丰富起来的一项宝贵的文化遗产，是中华民族的优秀文化遗产之一。

武术的起源可以追溯到原始社会。那时候，人类已开始用棍棒等原始的工具作武器同野兽进行斗争，一是为了自卫，二是为了猎取生活资料。最初，这些原始形态的攻防技能虽然还没有脱离生产技能的范畴，却是武术的萌芽。进入原始社会后期，随着生产力的发展、私有制的萌发和原始战争的频繁，人们为了互相争夺财富，制造了更具有杀伤力的武器。这样人类通过战斗，不仅制造了兵器，而且逐渐积累了具有一定的攻防格斗意义的，最终转化为人与人之间战斗的工具和技能，并随着战争的需要逐渐形成军事技能。从此，武术与军事斗争紧密相连，成为独立的社会活动。

武术不仅是中华民族传统的体育项目，而且由于它根植于传统文化的沃土之中，蕴含了深刻的中国传统哲理的奥妙，是中华民族几千年历史文化的载体。民国时期，民间出现了许多拳社、武士会、体育会等武术组织。1910年，"精武体育会"在上海成立，此后又相继成立了"中华武士会""致柔拳社""尚武国术研究会"等武术团体，这些武术团体促进了武术的传播和发展。1928年，国民政府在南京成立了中央国术馆。中央国术馆成立后，各地也纷纷建立国术馆、国术社，形成了一个自上而下的国术馆系统。1928年和1933年，中央国术馆在南京举办了两届国术国考，举行拳术、长兵、短兵、散打和摔跤等比赛。此外，中央国术馆还组织了一些较大规模的武术表演活动，如1936年中国武术队赴柏林奥运会参加表演等，对武术的对外交流和发展起到了重要的推动作用。

中华人民共和国成立后,武术得到了蓬勃发展。1954 年,各地体育院系开始把武术列为正式课程。1956 年,中国武术协会在北京成立,武术正式定为体育表演项目。1957 年,国家体委将武术列为体育竞赛项目,并组织整理出版了简化太极拳和初级拳、刀、剑、枪、棍套路。1958 年,国家体委制定了第一部《武术竞赛规则》。1984 年,国务院批准设立了武术硕士学位。1986 年,中国武术研究院成立。1997 年,上海体育学院成为国内唯一的武术博士学位授予单位。1984 年,武术开始向国际推广。1985 年、1986 年、1988 年,我国先后举办了三届"国际武术邀请赛"。从第 11 届亚运会开始,武术被列为亚运会正式比赛项目。1991 年,国际武术联合会正式成立,并在亚洲、欧洲、大洋洲和非洲建立了洲际武术联合会。

截至目前,"把武术推向世界"的宏伟目标在逐步实现。武术已列为学校体育教学的一个重要内容。民族传统武术现在开展的项目虽然较少,但这些运动项目在学校还是比较受欢迎的,如散打、太极拳等。

二、武术的特点

(一)具有攻防技击性

武术动作大多是从格斗中提炼出来的,套路动作和练法都具有明显的攻防技击意义,如拳术中的踢、打、摔、拿;剑术中的点、崩、刺、撩;刀术中的劈、砍、挂、戳、挑、云、撩;太极拳中的绷、捋、挤、按、采、捌、肘、靠等等动作。同时,通过武术锻炼,不仅能增强体质,而且能培养攻防意识,学会一些攻防格斗的技能,为国防建设服务。

(二)动作富有艺术性

武术动作舒展大方,形象优美。运动时要手到眼到,手眼紧密配合,手脚相随,上下协调,形神兼备,动迅静定,节奏鲜明。这就构成了武术所固有的艺术特色,加上风格迥异和完美的艺术造型,动作高难度和形神兼备的表现力,把健、力、美融为一体,具有高度的艺术感染力,形成了群众喜爱的民族风格。因此,通过武术锻炼也能熏陶艺术情操,培养民族自豪感。

三、武术的社会价值

武术作为技击的功夫，多年来以武技或体育来对待，东方人体文化学将其内涵的文化意蕴与对中国各种姊妹艺术的深远影响阐发出来。中国武术是以中国传统文化为基础，以内外兼修、术道并重为特点的运动。它的表现形式有徒手和器械的攻防动作。武术虽具有一般体育项目的共性，即以身体运动为特征，以增强体质为价值，但武术也有它自己的特性，即功法、套路、技击术三位一体的运动。功法或称内功，是套路演练和技击术的基础。技击意识是各派拳法共通的属性，技击意识使以表演为特征的套路具有独特的美质，而功法的严格要求又使武术较其他运动有着独到的养生修身之价值，使武术运动员的运动年龄长于其他运动项目。武术与中国传统文化有着深厚的血缘和形神相依的联系。中国古典伦理、哲理、中医理论和古典兵学思想都是武术的理论基础，同时，由于武术与舞蹈、杂技等传统表演艺术在其生成之始血肉相连，又形成了它与传统艺术的血缘和互渗关系。以唱念做打为主要表现手段的中国戏曲，自创始之初就与武术有不解之缘的中国舞蹈，源远流长的武侠文学，与其同源共生和互传互补的中国杂技等，无一不和武术有紧密联系。另外武术作为民间悠久的俗行文化，内容极其庞杂，各种民间拳法，越深入挖掘越丰厚，而且与宗教、民俗和民族风俗特色相依互存。

武术作为文化其概念有二：一是它本体的文化特征；二是它的外延，即对其他文化范畴的影响等。中华武术的"子午阴阳"和"求圆占中"的特征，反映了东方人独特的审美情趣，寓生死搏斗的技击之理于摇曳多姿、圆润潇洒的审美体验之中，完全体现了真、善、美的三层一贯的特色。中华武术又有着鲜明的伦理特色，首先体现儒家思想核心"仁""仁者必有勇""仁者爱人"；许多拳派的门规戒律形成了它重传统、重经验、尊师爱徒的人伦观念，最鲜明的体现就是"武德"。中华武术的形成，有丰厚的民族文化的基础，传统兵法、中医理论和精、气、神独特的东方心理学说，都给武术以科学滋养。武术在调动人体内外、上下、刚柔、强弱的力量和功能方面，又有着现代管理科学的系统论的萌芽。众多拳法的编创和武器的发明，常常运用象形取意之法，这里面有方兴未艾的仿生学的萌芽。而武术受中华医学养生理论指导，形成独特的武术内功理论，反过来给传统医学以影响，使这两种东方文明：一是救死扶伤，一是争斗决胜的文化,在哲学上统一起来。

四、校园武术

我们认为校园武术的概念应为:校园武术是在学校领域范围内开展的、以教育为目的武术项目。其内容是选择符合学校教育特点的武术技术和知识,通过适用于学校体育教育的多种运动形式;在学校体育课,课外武术活动,课外武术训练和竞赛中进行的一种有计划、有组织的教育活动。

确立这一概念的依据,是因为"校园武术"是在学校领域范围内开展的武术项目,其内涵和外延必须符合上述两个武术概念的界定;同时其内容也必须要根据学校领域的特点和实际情况,在运动形式和表现方式上进行改造,使之更加丰富和易于使广大体育教师所接受且使所有学生初学者对它"一见钟情"。只有这样才能使武术既不失武术的本义,又在形式和内容上极大丰富地进入学校,使具有悠久历史的武术"与时俱进"地符合学校领域的实际需要。也只有这样,"校园武术"才在中国武术中有一席之地。

校园武术除了具有武术的技击性、形神兼备、内外合一等共性特点和健身、防身、修身的功能之外,还应具有以下三个主要的特点以及相应的功能。

(一)校园武术不是现有"成品武术"的直接照搬

校园武术的这一特点是由学校领域本身的特点决定的。校园武术在目的、内容、形式、方法等层面与现有的竞技武术(用于专业队竞赛的武术套路运动、武术散手运动)、传统武术(民间传承有序、突出某种技击技法、各具特色的拳种流)、军警武术(军队和警察所练习的以致死和致伤敌人的格斗擒拿术)、影视武术(为影视主题服务的、经过过分夸张的武打技术)、中老年大众武术(国家普及推广的武术健身套路、民间流传的武术健身、防身技法等)等"成品"武术相比,有着很大的区别。实践也早已证明上述"成品武术"的内容都不能原封不动地直接在学校领域内使用。因为学校领域具有面向全体学生、有时间限制的授课、从事武术教学的师资主体是非武术专业的体育教师、学生几乎都是对武术不甚了解的初学者等特点,这些特点对其他体育项目进入学校也同样具有制约作用。

我们所说的理想的"校园武术",就是能使广大体育教师接受的、使所有学生中的武术爱好者和非武术爱好者都能受益的学校体育教育的一部分,是中国武术在学校领域中的技能和知识体系。

(二)校园武术具有多种运动形式

我国武术主要有功法运动、套路运动、对抗运动三种运动形式。每种运动形式都可以说是针对个人的技术训练体系,而校园武术是针对全体学生(几乎都是从零开始的初学者)的集体技术教学体系。因此,校园武术的运动形式种类应更加丰富,才能使武术符合成为教育手段的要求和学校领域的特点。校园武术是中国武术在学校领域中具有多种运动形式的"变性内容"。

武术作为学校体育的组成部分,进入学校领域理所应当要借助这些运动形式,将自身改造成为能够进入学校的东西。其实,从民国时期武术进入学校领域至今,在学校的体育课、课外活动、课外训练和竞赛等活动中已形成了符合体育教学规律的、初具简单模式的武术游戏、武术操、简化拳械小套路等校园武术的运动形式。今后还需要发挥武术自身的特色,创造新的、多样的运动形式,进而真正进入学校领域,发挥多种武术教育的功能。

(三)校园武术是"开放式"技能为主的武术技能和知识体系

传统意义上的武术属于"闭琐式"的运动技能,特别是武术套路运动(包括传统的和现代的),其中丰富繁多的练习要领和复杂的动作需要练习者长期反省内悟才能有所进展,可以说这是一个对人的修炼和锻造的过程,显然这样一个过程的内容是不适合学校领域的。

学校体育教育是以教学内容为媒介开发学生的创造潜能等多方面能力,是在有限时间内采用教育手段来完成教学内容,因此不能过分强调动作细节和规格化学生的动作。校园武术也具有相同的性质。同时,从事武术教学的武术教师仅为少数,大部分是对武术仅一般掌握的体育教师,这些体育教师所面对的教学对象是绝大部分不了解武术、初学武术的学生群体。面对这样的现实,校园武术的内容绝不能是传统武术套路那样的完全闭锁式的技能,而应是素材广泛、趣味性强、简单易学、可比易评价、便于组织、保证安全授课的开放式技能。即使是采用了套路的运动形式,也要增加和赋予开放式的因素。这是学校体育教育和老师、学生对武术的实际需要,也是校园武术必须具备的特点。

校园武术必须具有"开放式"的特点,才能具有引导学生对武术产生兴趣;符合现代学生的身体和心理的需要;贴近学生的学习需求和实际生活经验;符合体育教师的实际水平,便于体育教师操作的功能,才能在学校体育课、课外活动、学校业余训练和竞赛中,发挥向全体学生进行以提高身体健康水平和传递传统体育文化、培养社会价值观念的体育教育作用。

综上所述,校园武术应是一个根据社会和教育发展的需要,随时创新的、开放式的教学系统。再也不能用竞技武术、传统武术等现有的知识、价值观念、技术规范来观察和评价将来学校领域内的武术,只有这样才能发挥武术在学校领域对人才培养过程中的教育作用,从而使校园武术成为中国武术百花园中的新的奇葩,成为国内外体育教育的重要组成部分。

第二节　中学生武术课程建设研究

一、我国武术发展中存在的问题

在当今社会背景下,我国武术存在着不少问题,这些问题都成为制约其与其他国家交流与合作的桎梏,因此武术相关部门要高度重视起来,逐一解决这些问题,从而为我国武术文化的传播与发展扫清障碍。

（一）武术自身问题

中华武术是我国的国粹,在整个民族史上都占据着十分重要的地位。发展至今,虽然武术得到了很好的传承与发展,但在传承与发展的过程中仍然存在着不少问题,需要高度重视起来。

在今后的发展过程中,中华武术的发展要充分认清自身实际,既不能盲目自信,也不可自卑。不盲目自信是指不能只看到自身的优势而忽略了其他国家技击搏斗术的特色,不能以自我为中心去发展,这样容易导致出现各种各样的问题。不可自卑是指,在当今时代背景下,日本的柔道、韩国的跆拳道等都进入了奥运大家庭,而中华武术则迟迟未能进入。我们要充分认识到自身的缺点和不足,要尽可能地去改善这些不足,加强中华武术在全世界范围内的传播与推广,促进中华武术的国际化发展。

（二）国外友人对武术的误解

如今,在世界很多国家和地区,中华武术备受推崇,有着很高的知名度。之所以如此,除了与其自身具备的特色价值有关外,还与电影宣传这一手段密切相关。世界上很多国家及地区的武术爱好者大部分都是通过武术电影了解并喜欢上中华武术的。电影这一艺术手段成为促进中华武术传播与发展的重要途径。

电影在推动中华武术在世界上的传播与发展方面起到了至关重要的作用,正是通过电影艺术这一途径和手段,中华武术才得以在全世界范围内产生了一定的影响力。但我们也应看到,电影在给武术传播带来良好影响的同时也带来了一些负面影响,如电影中通过夸张的艺术手法所描述的飞檐走壁、腾云驾雾等武术招式带给西方人神秘的幻想,给他们造成了一定的误解,等他们学习武术后会产生一种"上当受骗"的感觉,有很多的国外友人对武术产生了不少的误解,这就需要我们尽可能地去消除这些误解,让他们充分认识到中华武术的内涵与价值。

（三）武术的生存空间问题

发展到现在,竞技体育占据着世界体育运动的主流,在这样的时代背景下,中华武术的发展空间受到了一定的压迫,其生存与发展受到了极大的挑战。目前来看,不论是平时的体育锻炼还是学校体育教学,西方竞技体育都占据着主流地位,尽管有一部分学校开设了武术课程,但发展情况并不是很好,选择这一门课程的学生与选择竞技体育课程的学生相比存在着巨大的人数上的差距。除了西方竞技体育的冲击外,一些国家的技击项目也对我国的武术构成了一定的威胁,如韩国的跆拳道,它以其特有的健身与技击价值深受人们的欢迎,在社会上我们经常会看到关于跆拳道的培训机构,受到众多爱好者的青睐。与跆拳道相比,武术培训机构或俱乐部在社会上就比较少见,由此可见,中华武术在当今时代背景下面临着很大的生存挑战。因此,中华武术要顺应时代发展的趋势,就需要与西方国家的体育文化增进交流,取长补短,不断改进和优化,拓宽发展道路。

二、校园武术的建设目标

校园武术的教育目标是我们创建校园武术的出发点和落脚点。它对校园武术的具体实施具有定向、激励、反馈和评价的功能。因此,确立明确科学的校园武术教育目标,不仅有益于我们有的放矢开展校园武术活动,而且也是确定今后校园武术发展走向的重要依据。

我国教育改革的背景、课程改革的目标,体育与健康课程的价值、理念、目标为我们确定武术教育目标提供了思路。同时我们还考虑了武术的自身功能、社会和教育的发展对武术的要求、学生的身心特征和对武术的实际需要等影响因素。因为明确校园武术的自身功能以及密切相关的诸多因素,才能准确把握校园武术教育目标在教育领域中的定位,才能使校园武术今后的发展前景更广阔。

三、学校体育教学中武术文化的推广

(一)做好武术的形象工程

大量的事实表明,要想更进一步地推广中华武术,做好武术的跨文化传播与发展,还必须要加强武术的形象工程建设,重新塑造中华武术的新形象,让世人更加深入地了解武术这一项运动。而这一目标的实现,学校体育教学在其中扮演着十分重要的角色。通过武术教学与研究,能深刻揭示出武术的内涵与价值,塑造中华武术良好的形象。

武术这门课程进入学校体育教学的时间很早,也受到了学校体育部门及师生的重视,但受当今西方竞技体育的冲击,校园武术教学的生存空间受到了一定的压制,绝大部分的学生都倾向于选择那些竞技性和趣味性较强的西方竞技体育项目作为自己的选修课程,武术课程受到冷落。为扭转这一局面,各学校需要做好一定的宣传与推广,加强武术的形象工程建设,以学校为突破口促进中华武术的传播与发展。

(二)充分利用各种武术推广的途径

为更好地促进我国武术文化的发展,我们还可以与时俱进地利用现代信息化技术手段进行武术的宣传与推广,如建立双语的武术网站进行武术的宣传,还可以举办各种武术节或表演活动,吸引武术爱好者的参与,通过武术表演,能吸引学生参与其中,建立参与武术运动的兴趣,随着参与武术人数的增多,武术的影响力必将进一步加大。除此之外,学校还可以加强与国外学校之间的沟通与交流,或者在国外设立一些武术研究或教学机构,如孔子学院就是这样一个很好的宣传中华民族传统文化的机构,在这样的机构之下,我国武术能得以很好的宣传与推广。

(三)培养国际化武术人才

在武术文化传播与交流中,人是其中重要的主体,因此,加强武术人才的培养是非常重要的,而学校则是培养武术人才的最主要的阵地。在学校中培养国际化的武术人才需要注意以下几个方面。

第一,建立一个完善的教练员等级制度和教练员培训制度体系,加强教练员及武术从业者的沟通与交流,在不断地交流中获得进步与发展。

第二,重视武术人才的武德培养,培养一大批武艺高超,又有良好武德的高素质人才。

第三,培养一批深谙东西方传统体育文化的武术人才,这对于中华武术的对外传播与推广具有重要的意义。

(四)武术教学改革

1.改革武术现行的教学模式和教学内容

目前武术在校园里的传播范围并不是很广,即使有些学校开始实行武术教育,但教学内容和教学方法老套,已不能满足培养适应社会发展的人才需要。因此,在武术教学过程中必须体现出以学生为主体,强调个性发展,并且结合武术运动特点,创造新的教学模式与教学方法,突破传统的教学模式,使武术教学趋向开放化、多样化、新颖化。

(1)不必过分强调行动与授课形式的一致,允许学生发表不同的意见,抒发不同的感受,提倡自主学习。

(2)授人以鱼不如授之以渔,教会学生学习的方法比带领着学生学习要好。

(3)根据学生的具体情况按照基本功、基本动作、拳术套路和武术的器械套路动作等作为教学内容供学生选择,可采用自主选项的教学模式。

2. 加强学习实践

"纸上得来终觉浅,缘知此事要躬行",实践才能出真知。练武是一个过程,我们需要从这个过程中去体会和感悟其中的奥妙,练武没有结果,没有终点,也正是因为如此,只要能够坚持下去,我们就能够心无旁骛地去享受这个过程,而不会因为追求结果而迷失。

3. 辩证地吸收武术文化

传统武术文化具有时代性、历史性、继承性等主要特点,因此,要用发展的眼光来看待它。武术文化中有精华,也不免有糟粕,要辩证地去看待,取其精华,弃其糟粕,才更有利于武术文化在中学的传播和学生民族精神的培育。

(五)要加强学生思想教育和武德教育

在中小学武术教学中,要注意加强学生思想教育和武德教育,使学生明确学习目的,端正学习动机,树立学习武术是为了增强体质,增进健康,振奋民族精神,为祖国建设服务的思想。培养学生不畏强暴、见义勇为的高尚品德和勤劳刻苦、谦虚严谨的学风,培养热爱祖国文化遗产的情感。教学中,应以正面表扬为主,充分调动学生的学习自觉性和积极性。教学中,注意组织纪律的教育和培养,在进行攻防技术讲解时,要讲清目的,提出要求,注意安全,严禁打闹,以防止受伤。

运动量不要过大或过小,一定要根据中小学生的不同年龄区别对待,不能循规蹈矩、千篇一律。运动量过大对身体不仅无益,反而有害;运动量过小对身体各个器官系统起不到应有的作用。

(六)注意培养学生骨干

教学中,教师可选择一些爱好武术和武术基础较好的学生为骨干,在课中协助教师进行教学,尤其是在分组和分散练习时,可帮助纠正其他同学的错误动作,集体练习时还可起到组织、领头示范的作用。

第三节　中学生武术运动教学实践

本节以武术的基本动作教学为例进行分析。武术基本动作包括手型与手法、步型与步法、腿法、平衡动作、跳跃动作等。

一、手型教学设计与指导

（一）掌

1. 动作方法讲解与示范（图 7-1）

拇指屈曲，其余四指伸直并拢向后伸张。

图 7-1

2. 动作要点提示

掌心开展，竖指。

3. 教法分析

示范与讲解拳的规格、要点，采用手型变换练习。

（二）拳

1. 动作方法讲解与示范（图 7-2）

五指卷紧，拳面要平，拇指压于食指、中指第二指节上。

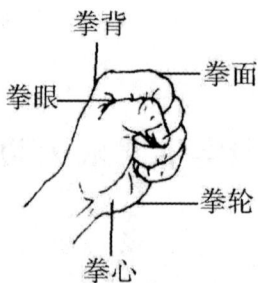

图 7-2

2. 动作要点提示

直腕,拳握紧,拳面平。

3. 教法分析

同掌。

(三)勾

1. 动作方法讲解与示范(图 7-3)

屈腕五指撮拢。

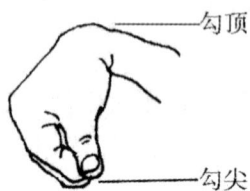

图 7-3

2. 动作要点提示

尽可能屈腕。

3. 教法分析

同掌。

二、步型教学设计与指导

（一）马步

1. 动作方法讲解与示范（图 7-4）

两脚平行开立（约为本人脚长的 3 倍），脚尖正对前方，屈膝半蹲，膝部不超过脚尖，大腿接近水平，全脚着地，身体重心落于两腿之间，两手抱拳于腰间。

两脚左右开立约为本人脚长的三倍，脚尖正对前方，屈膝半蹲，大腿成水平。

图 7-4

2. 动作要点提示

挺胸、踏腰、脚跟外蹬。

3. 易犯错误与纠正

（1）脚尖外撇

纠正方法：经常站立做里扣脚尖的练习；或做马步练习，强调两脚跟外蹬。

（2）两脚距离过大或太小

纠正方法：量出 3 脚距离后，再下蹲做马步。

（3）弯腰跪膝

纠正方法：强调挺胸、塌腰之后再下蹲，膝不得超过脚尖的垂直线；或手扶一定高度的物体做动作。

（二）弓步

1. 动作方法讲解与示范（图 7-5）

前脚微内扣，全脚着地，屈膝半蹲，大腿成水平，膝部约与脚尖垂直；后腿挺膝伸直，脚尖里扣斜向前方，全脚着地。

2. 动作要点提示

挺胸，塌腰、沉髋。

图 7-5

3. 易犯错误与纠正

（1）后脚拔跟、掀掌
纠正方法：提高膝和踝关节的柔韧性，并强调脚跟蹬地。
（2）后腿屈膝
纠正方法：强调后腿挺膝和用力后蹬。
（3）弯腰和上体前俯
纠正方法：强调头部上顶，并注意沉髋。

（三）虚步

1. 动作方法讲解与示范（图 7-6）

后脚尖斜向前，屈膝半蹲，全脚着地；前腿微屈，脚尖虚点地面。

图 7-6

2. 动作要点提示

挺胸、立腰、虚实分明。

3. 教法分析

练习中会出现虚实不清。建议先下蹲后再虚点地面。

（四）歇步

1. 动作方法讲解与示范（图 7-7）

两腿交叉屈膝全蹲，前脚全脚着地，脚尖外展；后脚跟离地，臀部坐于后腿接近脚跟处。

图 7-7

2. 动作要点提示

挺胸、塌腰，两腿靠拢贴紧。

3. 教法分析

练习中会出现后腿膝跪地,建议两腿交叉靠拢。

(五)仆步

1. 动作方法讲解与示范(图 7-8)

一腿全蹲,大、小腿靠紧,臀部接近小腿,全脚着地,膝与脚尖稍外展;另一腿平铺接近地面,全脚着地,脚尖内扣。

图 7-8

2. 动作要点提示

挺胸、塌腰、沉髋,腿平仆。

3. 教法分析

练习中会出现平仆腿脚尖上翘,全蹲腿脚跟提起。建议支撑腿外展,姿势放高练习。

三、手法教学设计与指导

(一)冲拳

1. 动作方法讲解与示范(图 7-9)

动作说明:拳从腰间旋臂向前快速击出,力达拳面。平拳为拳心朝下,立拳为拳眼朝上。

图 7-9

2. 动作要点提示

拧腰、顺肩、急旋前臂。

3. 教法分析

练习中会出现肘外展,拳从肩前出或力点不准和无力。建议先慢做,体会动作准确性,有寸劲。

(二)推掌

1. 动作方法讲解与示范(图 7-10、图 7-11)

拳由腰间旋臂向前立掌推击。直臂、快速、力达掌外沿。

图 7-10

图 7-11

2. 动作要点提示

沉腕、翘掌、有寸劲。
教法提示参考冲拳。

（三）亮掌

1. 动作方法讲解与示范（图 7-12）

拳由腰间向右上方抖腕亮掌，目视左方。

图 7-12

2.动作要点提示

抖腕、亮掌与转头要一致。

3.教法分析

练习中会出现抖腕不明显，与转头不一致。建议先分解再完整。

（四）架拳

1.动作方法讲解与示范（图 7-13）

拳经左向右上划弧架起，拳眼朝下，目视左方。

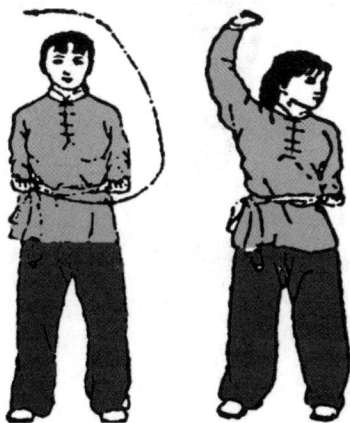

图 7-13

2.动作要点提示

松肩，肘微屈。

3.教法提示

练习中会出现路线不对，不舒展。建议松肩慢做，体会架开对方进攻。

四、步法教学设计与指导

（一）击步

1. 动作方法

后脚提起,前脚随即蹬地前纵,在空中,后脚碰击前脚,后、前脚依次落地(图7-14—图7-16)。

图 7-14　　　　　　　　图 7-15　　　　　　　　图 7-16

2. 动作要点

蹬地用力,尽量前纵。

3. 教法提示:

练习中会出现两脚不碰击。建议原地纵起碰击。

（二）垫步

1. 动作方法

后脚提起,向前脚处落步,前脚立即蹬地向前上方跳起,将位置让于后脚,然后再向前落步(图7-17、图7-18)。

2. 动作要点

后脚踩踏前脚位置。

3. 教法分析

练习中会出现与击步同。建议原地练习两脚移动位置。

图 7-17　　　　　　　　　　图 7-18

（三）弧形步

1. 动作方法

预备姿势：与击步同。

两腿略屈，两脚迅速连续向侧前方行步。每步大小略比肩宽，走弧形路线，眼向前平视（图 7-19、图 7-20）。

2. 动作要点

挺胸、塌腰，保持半蹲姿势，身体重心要平稳，不要有起伏现象。落地时，由脚跟迅速过渡到全脚掌，并注意转腰。

图 7-19　　　　　　　　　　图 7-20

（四）盖步

1. 动作方法

预备姿势：两脚左右开立，同肩宽，两手叉腰（图 7-21）。

重心左移，右脚提起，经左脚前向左侧横迈一步，右腿屈膝，脚尖外展；两腿交叉，重心偏于右腿（图 7-22）。练习时，左右交替进行。

2. 动作要点

横迈要轻灵，步幅要适当。

图 7-21　　　　　　　图 7-22

（五）插步

1. 动作方法

一脚经支撑脚向后横落一步，脚前掌着地，两腿交叉，重心偏于前腿（图 7-23、图 7-24）。

2. 动作要点

同盖步。

图 7-23 图 7-24

五、腿法教学设计与指导

（一）直摆性腿法

1. 外摆腿

（1）动作方法讲解与示范

一脚上步直立，另一腿做斜踢经面前向同侧摆动，直腿落在支撑脚旁，目视前方（图 7-25）。

图 7-25

（2）动作要点提示

展髋，外摆幅度大，成扇形。

教法分析：练习中会出现不成扇形。建议体会越过适当高度的障碍物。

2. 里合腿

（1）动作方法讲解与示范（图 7-26）

同外摆腿,唯由外向内合。

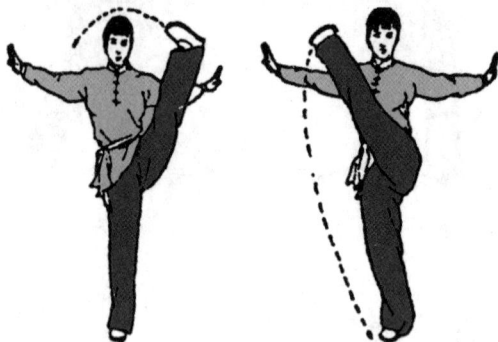

图 7-26

（2）动作要点提示

同外摆腿。

（二）屈伸性腿法

1. 弹腿

（1）动作方法讲解与示范（图 7-27）

支撑腿直立,另一腿由屈到伸向前弹出,脚面绷平,目平视前方。

图 7-27

（2）动作要点提示

力达脚尖,脆快有力。

教法分析：练习中会出现屈伸不明，力点不清。建议多练屈伸及讲解弹击对方裆部。

2.蹬腿

（1）动作方法讲解与示范

同弹腿，唯脚尖勾起，力达脚跟（图7-28）。

图7-28

（2）动作要点提示

要点和教法分析同弹腿。

3.侧踹腿

（1）动作方法讲解与示范

支撑腿直立，另一腿由屈到伸，脚尖勾起内扣或外摆用脚底猛力踹出，目视踹腿（图7-29）。

图7-29

（2）动作要点提示

要点和教法分析同弹腿。

（三）扫转性腿法

扫转性腿法包括前扫腿和后扫腿，下面主要分析后扫腿。

1. 动作方法讲解与示范（图7-30）

成左弓步，两掌向前推出。左脚尖内扣，左腿膝部弯曲全蹲，成右仆步，同时上体前俯，两掌撑在地面，随上体向右后拧转的惯性力量，以左脚掌为轴，右脚贴地向后扫转一周。

图 7-30

2. 动作要点提示

转体、俯身、撑地、扫转要连贯协调。

3. 易犯错误与纠正

错误：转体、拧腰速度不够快，旋转无力，和腰腿动作没有连贯起来；手扶地位置错误。

纠正：多练习高姿势的甩头、拧腰、扫腿动作，速度要快；强调右转体时，两手掌在右腿内侧地面支撑。

第八章

校园体育文化视阈下中学生体育
隐性课程建设研究

作为体育显性课程的有力补充,中学生体育隐性课程在学校体育中占有重要的位置。校园体育文化是推进中学生体育运动全面开展的沃土,让体育回归教育,让体育回归教育,让教育回归文化。大力开发中学生体育隐性课程,努力营造中学生体育特色文化,把校园体育文化根植于学生的心田,让校园体育文化潜滋暗长,潜移默化地塑造孩子们的体育情缘。

第一节 体育隐性课程概述

一、隐性体育教学内容的含义

根据相关资料记载,隐性课程的概念最早产生于20世纪60年代,一经产生便快速发展,短短几十年的时间,人们不管是从理论上还是实践上都已经迅速接受隐性教育课程。隐性课程指的是间接隐藏在课堂教学内容中,以不确定的、受者意识不到的方式对学生的意识和心理产生教育影响的教育课程。

可以将体育隐性课程的概念理解为:在学校范围内,除显性体育课程之外的,按照体育教育目的及其具体化的体育教育目标规范设计的校园体育文化要素的统称。顾名思义,隐性体育教学内容是相对于显性体育教学内容来说的,是指体育教材中隐含的教学内容,其隐藏在显性体育教学过程之中,教学目标也不十分明确。

从宏观的视角来看,体育教学应该具体包含三个方面内容,即教育、教养和发展。其中,体育教育是指具体的体育知识、体育技术以及体育技能,属于显性的体育教学内容,是在体育教材中明确规定的学生必须掌握的内容。体育教养和体育发展属于隐性体育教学内容,是隐含在显性体育教学内容之中的。体育教养隐含在体育教育中,指对学生的体育道德修养、体育精神、体育思想作风和良好的体育人等方面的培养。体育发展则是指体育教学中关于学生生理、心理、情感态度、文化等方面的内容,也是隐藏在体育教育之中的隐性体育教学内容。

体育教育、体育教养和体育发展三者相互关联、关系密切,是统一的整体,不可分割。只注重体育显性教学内容而忽视体育隐性教学内容的观点和做法是错误的,不能只加强体育教育而对体育教养和体育发展采取放任的态度,而应该同样对待,使三者齐头并进。中学体育教学的正确目标和含义是显性教学内容和隐性教学内容的整体发展,是体育教育方面与体育教养、体育发展方面的相互促进、相互补充、有机统一。

二、隐性体育教学内容的特点

作为重要的体育教学内容和显性体育教学的有力补充,我国中学体育隐性教学内容具有以下特点。

(一)教学目标的隐含性

显性体育教学内容的作用方式与效果为外观、直接、显露,它通常凭借讲授、动作示范、身体练习、教具演示以及其他明了的方式作用于学生,促成学生身心变化,获得在自身与他人观测范围的显性效果,如动作技术的掌握等。隐性体育教学内容则不同,与显性体育教学内容相比,隐性体育教学内容的教学目标、教学方式、教学效果都隐蔽在整个教学过程之中,潜移默化的发生影响,不像体育教育那样具体、明显和目标明确。隐性体育教学作用方式处于潜藏、间接状态,它往往通过存在于教学之中的互动、模仿、感染、认同及角色扮演等隐蔽方式间接作用于学生,使学生获得自身与他人未能觉察、检测的隐性效果,功能作用方式与效果表现出内隐特性。

不过,不能把隐性体育教学的目标隐含性理解为一成不变,毫无作用。隐性体育教学目标不是可以快速实现的,需要一个长期的过程,经过逐渐积累才能体现出由量变向质变的转化。

(二)教育效果的不确定性

显性体育教学内容施体(主要指教师)在功能作用于教育对象之前,已对功能的量与质加以有效把握,功能作用的目的、方式与结果都以预定计划的形式构造在教学方案或施体大脑中,并在整个功能实施过程中加以调控、检测,呈现出鲜明的计划性。显性体育教学内容是一种按照教学目标的要求加以计划、实施的功能,一般具有正面功能效果,对学生产生积极的影响,当然也不排斥产生负向功能的可能。隐性体育教学内容则相反,施体在功能作用发生之前对隐性体育教学内容本身的量与质缺乏充分认识,无论功能作用目的、方式还是结果都未能加以明确的定向设计,从而功能作用过程是一触发过程,表现出不确定性。隐性体育教学内容是一种非计划、非调控的自发隐蔽功能,既可能产生符合教学目标要求、促进学生身心发展的正向功能效果,又可能产生违背教学目标要求、阻碍学生身心发展的负向功能效果。由于隐性体育教学的目标是隐蔽的,其教育效果也是不确定的、不可预测的。体育教师无法准确预知与控制教学活动的具体情况和每一细节,因此也难以预料和控制隐性体育教学的结果。隐性体育教学课程内容的不确定性具体表现在体育教学实践中,无论体育老师如何努力,如何尝试各种教学方式,都无法预知教育的效果,也无法保证教育的效果一定是积极、正向的,也可以出现消极的结果,事与愿违。正负效果的两极性从积极与消极意义上都确证了认识并把握体育教学隐性体育教学内容的必要性。

(三)客观存在性

在体育教学实践过程中,隐性体育教学课程对受教育者的影响无时不在,无处不有,是全方位的,贯穿始终,具有客观存在性。无论教育者有意识还是无意识,它总是存在于教学过程中,往往能达到"随风潜入夜,润物细无声"的效果,学生于不知不觉中接受了它的滋养,对教学效果产生着积极的或消极的作用。

(四)教学过程的持久性

显性体育教学内容因其作用方式的直接外观,导致功能的时间与空间有所局限,这种局限性使功能作用的性质一般带有间断性、可变性与浅显性。而隐性体育教学内容作用方式特殊,使它在发挥作用的时间上是长久的、连续的,发挥作用上是稳定与深刻的,具有潜移默化之效。

隐性体育教学内容与受教育者的行为方式和生活准则密切相关,对学生的态度、情感、人生观、价值观产生持续而深远的影响。隐性体育教学需要在体育教学过程中潜移默化地进行,过程长期而持久,它对学生的影响也不是立竿见影的,也需要经过长期的过程逐渐显现。

三、体育隐性课程的内容

体育教学是一个复杂的、开放的系统,其涉及的隐性课程包括的内容非常广泛,涉及学校的各个方面、各个领域。学校体育对隐性课程的体现更加明显,更加突出。

（一）加强课堂教学物化建设

根据本地区本学校的实际情况，因地制宜、自力更生、就地取材，学校体育场应对外开放。为了创造一个良好的教学、训练、比赛的环境，维持正常的教学秩序，加强体育场馆的管理，发挥学校教育资源（体育场地、场馆设施等）的功能，同时也为周边居民提供良好的锻炼场地，推动全民健身运动的开展。

学校教育资源对外开放以限时、限场地为原则，校外进校锻炼人员务必遵守。运动队训练及场地保养时间，有专人负责，学校安排值班老师和保安并做好进出校登记手续。体育组应定期、定时给室外体育设施进行检查，发现存在安全隐患的立即停止使用，及时进行维护、更换。确保体育设施完好无损，安全使用。在校园进行体育锻炼，必须讲究文明，爱护学校的一草一木，不得随地吐痰，乱扔垃圾。

（二）抓好教风、学风建设

1. 开展师德教育，坚持立德树人，强化教风建设

结合党的十九大精神的学习，通过党课、党支部主题活动、座谈、谈心谈话、学术沙龙等方式，加强师德师风教育，提升教师以德立身、以德立学、以德施教意识，把课堂当成神圣的沃土，致力于创新授课方法，用言传身教，人格魅力和学识修养吸引学生。例如出台《体育学院关于进一步加强教风与学风建设的管理规定》，把教风与教师的教学质量评价和评奖评优挂钩，强化教风建设。

2. 大力开展第二课堂活动，浓郁学风氛围

充分利用第二课堂这个平台，通过"体育文化节"、体育专业学生对大学生体育俱乐部和早操的指导训练、各专项年级班级体育竞赛、志愿服务、社会实践等平台载体，让学生在活动中巩固知识、增长才干、发挥特长、施展才华、锻炼能力、探索新知，用以赛代练的方式使学生从"要我练"转化为"我要练"，努力营造良好的治学环境和育人环境，浓郁学风氛围。

3.加强诚信教育,严格考试纪律,正考风促学风

严格规范执行《体育学院技术考试教考分离实施办法》,真正达到以考促学、以考促练的目的。围绕教风学风建设,进一步加强诚信教育和考风考纪专题教育,以诚信为主题,部署学生党、团日主题活动和诚信考试主题班会。在教师中通过党支部和教研室统一思想,要深刻认识到无考风就没有学风,要打消顾虑,严格执行考试程序和纪律,敢抓敢管,把作弊现象牢牢关进纪律的笼子里。

(三)体育教师的人格

人格是指一个人的尊严、价值和德性的总和。它能产生巨大的感染力、影响力与辐射力,对学生的教育有着巨大的(潜在)作用。按照新的课程标准和隐性课程的教学要求,体育教师的个人形象及素养问题应该有所改善,同时要完善体育教师的在职培训。

一位合格的体育教师首先必须讲"思想",坚持正确的体育方向,坚持高尚的个人品格,必须善于把党的路线、方针、政策与自己的理解、认知、体验融合在一起传授给学生,必须为人正直、正派,树立崇高的世界观、人生观和价值观,用自己的浩然正气影响学生,做学生体育上的指路人、思想上的掌舵者,而且是科学文化知识的传播者与做人处事的指导者。

第二节 中学生体育隐性课程的开发与设计

一、中学生体育隐性课程的开发

(一)中学生体育软性隐性课程显性化的开发

中学生体育软性隐性课程是指利用文本、图片、音频、视频、动画等方式方法,了解、宣传、普及、诠释一些关于体育文化的内在课程。

1.文本类中学生体育隐性课程开发

在学校中建立固定的"中学生体育宣传栏",可以利用校园文化长

廊以及操场四周围墙,教学楼内、外墙等,书写有关体育运动的发展史,介绍世界杯、世界著名球星等知识;可以定期不定期组织各个班级举办体育班报,介绍学校体育运动历史与成绩介绍,体育比赛安全知识,运动队取得的成绩和学校校级班级联赛体育达人人物简介;每学期举行体育知识测验和竞赛活动;每学期举办体育征文比赛和体育书法比赛等。

2. 图片类中学生体育隐性课程开发

每学期举办体育画展,可以规定"同一个世界同一个梦想"这样的主题,激发学生创作潜能,深挖体育相关知识,理解体育文化;举办体育摄影展,调动学生的拍摄灵感,通过一幅幅学生自己捕捉的体育动感画面,让学生走进体育、认识体育、热爱体育;也可以举办剪纸创作大赛,开发学生的动手能力,通过巧手剪出一幅幅体育文化剪纸,弘扬体育传统文化,潜移默化地把体育文化植入学生的生活之中;还可以举办一些简单的体育沙画表演,吸引学生眼球,激发学生的学习动力。

3. 音频类中学生体育隐性课程开发

每学期举办体育文化演讲比赛,传播体育文化;定期开展关于体育运动安全广播;每周开展一次体育运动保健以及体育裁判法等知识专题讲座,让全校学生懂体育爱看体育;评选班级体育队队歌比赛,通过学生自己创作队歌,激发对体育的喜爱,用嘹亮的歌声唱响校园体育文化,营造体育大氛围;举办体育知识抢答大赛,进一步普及宣传校园体育文化;每学年举办图片资料大型展览一次。

4. 视频类中学生体育隐性课程开发

每学期组织学生观看国内外重大体育赛事 1~2 次,为赛场呐喊,为队员加油;每学期安排校园电视台老师或者班级的录像爱好者,录制校际班级体育比赛,在校园电视台和班级进行录像回放,让学生解说员一边观看一边为大家解说,让学生了解体育比赛的规则,以及认识中学生体育明星,激发爱校园、爱班级、爱同学的高尚情感;举办学生体育动画制作大赛,利用学校电子屏幕每天播放获奖学生的体育动画作品,让学生时时处处受到校园体育文化的熏陶。

（二）中学生体育隐性课程显性化的开发

中学生体育隐性课程显性化是指在校园内外开发体育的另一种隐性课程，使其显性化、常规化、制度化，即开展多种多样的体育实践活动，让学生身体力行感受体育运动带给自己的身心两方面的愉悦，体验体育运动的无穷魅力。

1. 每学期举行一次校园体育文化节

每次校园体育文化节都确定不同的主题，让学生围绕主题开展系列活动，如体育单项校园吉尼斯挑战赛、中学生体育点球擂台赛、师生合作赛、师生体育邀请赛、家长学生邀请赛、班级联赛、校级联赛、体育篝火晚会、体育啦啦操大赛等，获胜者在闭幕式上进行表彰或展示其成果，使学生获得成就感，促进学校体育文化建设的进一步深化。

2. 创编中学生体育特色操

本着以学生为本，以学生发展为中心，以健康第一的思想为指针，以体辅德、以体促智、以体健体，让炫彩的体育精灵跳动出学校的校规校训，让灵动的体育精灵舞动出学校的校风校貌。

3. 在学校建立学生体育联合会

在全校选拔联合会的主席、副主席以及其他领导班子成员。要求必须是思想素质过硬、有组织能力、有领导能力，品学兼优，钟爱体育，有无私奉献的大无畏精神方可参加竞选。联合会主要负责学校的体育文化建设，同时培训学生做体育裁判员和体育解说员的任务。要求每个学年培养 10 名体育裁判员和 3 名体育比赛解说员，让他们负责学校各级各类体育比赛活动的裁判工作，解说工作。

4. 学校每年搞以体育文化为主题的活动

学校每年搞以体育文化为主题的远足日、野营日、冬令营、夏令营等活动，把学校体育、家庭体育和社会活动综合起来，通过体育文化活动交流架起一座家校沟通的心桥，一个小小的体育拉近了师生之间、家长孩子之间的距离，无声地解决了代沟给老师、家长、孩子带来的困惑。通过以体育为主要载体的游戏比赛，培养了同学们团结协作、遵守规则、尊重他人的品德,磨炼了吃苦耐劳、勇敢果断的意志品质,锻造了永不服输、爱拼才会赢的良好品格。

（三）中学体育隐性课程的开发

学校体育所隐藏的教育功能非常广泛,是非学术性的,是无计划的学习活动,是体育教师和学生没有意识到的教育功能;也可能是学生意识到了,而体育教师没有意识到。这些隐藏在学校体育领域的隐性教育作用需要体育教师和体育教育专家、学者去认真地甄别和考察。通过对学校体育潜在教育的挖掘,对于体育与健康课程的实施有着重要的意义,因为体育的隐性教育恰好与体育与健康课程的目标和学习目标相适应,所以,体育的隐性教育能够完善体育与健康课程的功能,为体育与健康课程的发展做出贡献。我们应根据一定的科学原理或设计模式对体育隐性课程的构成要素进行合理的安排和调控,发挥它预期的功能,以实现体育隐性课程的目标,更好地为中学体育教育服务。

二、中学生体育隐性课程的内容设计

（一）中学体育物质设施的设计开发

中学体育教育与其他学校教育的最大区别就是其开展离不开一定的体育场地、器材和设施,这些物质设施是体育隐性课程的重要内容之一,对其设计是否科学合理直接影响到学校体育任务的完成。

1. 中学体育场地设施的建设要以培养学生全面的基本活动能力和身体素质为依据

走、跑、跳、投、平衡、负重、攀登等都属于人的基本活动能力的内容,在机体的发展中有着重要的作用。例如,攀爬是一种重要的实用性技能。不但能锻炼力量,而且能培养全身协调用力以及勇敢、坚毅等心理品质。然而,我国中学体育器材设施在这方面却令人遗憾。类似于次的发展平衡、负重、搬运等器材设施在大多数学校均为类似情况。所以,对中学体育器材设施的全面性也应提出相应的要求。

2.中学体育器材设施的规格要符合学生身心特点

我们教育的重点不应忽视包括体育器材设施在内的外部诱因。如果器材场地不适宜,如篮球过重、篮圈过高,传接和投篮成功率就会很低。这样就会造成"惩罚"反馈过度,使原来的正诱因向负诱因转化。这样的状况如不改善,那么强化的结果必然使学生的兴趣降低、动机减弱,使学生在没有体验到运动乐趣之前就已经对它厌倦了。所以,要想取得好的教学效果,就要让学生在运动中体验乐趣,进而主动锻炼、参加体育活动,使之既锻炼身体又锻炼了身心,对体育器材设的科学设计就显得更为迫切了。

3.因地制宜,建设美化体育设施,营造良好体育氛围

中小学体育场地、设施存在严重不足,在目前教育经费短缺的状况下应采取因地制宜、自力更生、就地取材、土洋结合、以土为主的办法充分利用各校各自的环境条件,发挥各自校园的优势,科学地设计、巧妙地布置各种器材设施。比如,利用大树建成爬杆、爬绳、爬网的快乐树;农村学校可利用校内外的小山包建成攀岩、滑草等项目;用废旧轮胎制成各种健身器材,如轮胎群、吊桥、钻圈等。

4.场地设施的布局要合理

一种要避开其他物体,避免相互干扰,避免光线、反光或逆风等;器材的安放要在教师的视线之内,便于管理、控制;使用场地需要标画,但不宜过多难以辨认。

5.加强运动场地建筑的环境绿化

绿化能美化环境,陶冶情操,有利人类健康。绿色植物能排放氧气,净化空气,清新的空气减少了氧债,能延缓疲劳的出现,加快疲劳的恢复,有利于学生身体健康。

(二)构建中学体育教学良好心理气氛

中学体育教学过程中教与学的动机、兴趣、意向等总是在一定的情形及氛围中产生,认知的进行、技能的形成、创造性的开发在体育教学心理气氛中潜移默化地进行。教学气氛的产生对教学集体成员的价值、

态度及行为发生影响,从而影响体育教学。

1. 改善中学教师的指导作风

教师是创造心理气氛的关键人物,其领导作风是制约体育教学心理气氛的重要因素。教师的行动更民主,课题心理气氛就更活跃、生动活泼。加强中学体育教师的职前、职后培训,提高中学体育教师的综合素质,这是开发中学体育隐性课程的基础。教师在学生的体育学习过程中的作用相当重要,体育教师的人格和行为作风始终在影响着、教育着学生,所以体育教师的人格修养、工作方式和日常生活中的行为,都必须为学生做出榜样,潜移默化地影响学生。开发中学体育隐性课程可从多领域、多渠道进行,比如,加强体育教师政治思想素质的培养、完善体育教师进修制度等。

2. 树立正确的体育教学思想,维持好课堂秩序,有效控制教学过程

所谓正确的体育教学思想,就是在体育教师的主导作用下,充分调动学生的学习积极性,发挥学生的主体作用,使学生在体育课上真正成为学习的主人,形成生动活泼、热烈宽松的教学心理气氛。

教学中,教师要善于捕捉学生的表情变化,洞察其心理状态,及时进行调控,改变节奏和方法,改变指导角度或改变教学方式。如果教师有自身的消极情感,也要及时调控。

3. 体现良好的场地设计,优化体育教学气氛,完善教学技术

课前根据教学内容和要求,合理规划教学场地,把场地设计的美观大方,器材力争新颖,沙坑平整、垫子洁净等引起学生好奇心和提高兴奋性,促进体育教学心理气氛。在教学方法的选择和教学手段的运用上,既要有针对性和科学性,又要有教育性和艺术性。如耐久跑的教学可采用追逐跑、定时跑、变速跑、接力跑、障碍跑及游戏等多种形式提高速度耐力,形成生动、活泼的气氛,使得学生在心理意向中产生欣赏—羡慕—向往—注意—思维—操作等连锁反应过程,提高教学技巧。

4. 中学体育教师要努力促进学生个性发展

因为学生年龄、性格、身体素质等存有差异,因而体育教学应区别对

待,因材施教,以培养体育活动能力,发展个性。在教学中应尽量多鼓励学生、激励学生,使每个人各尽其能,各得其所,建立体育教学良好心理气氛。

5.培养团队精神,强化集体意识

教师在教学过程中有的放矢地采用游戏、竞赛等方法,增强色彩和情趣,培养兴趣和欲望,使学生自觉地遵从角色,从内心认识到服从纪律,是集体意愿,也是自身学习的需要,从而强化集体意识,增强教学凝聚力,培养团结合作精神,营造教学良好氛围。

(三)体育教师教学风气的设计开发

中学体育教师首先应树立正确的教学观,具备高尚的敬业精神,严谨求实的治学态度,要热爱学生、关心学生。另外,要不断提高自身的业务素质,在对学生的宣传方面做到言传身教,为人师表,使学生对教师形成积极的期望。

(四)规范中学体育教师的仪态

体育教师在教学中其言行举止完全暴露在学生面前,教师职业的示范性特点表现得更为强烈。体育教师的举止言谈、衣着仪表无不作为个体文化以潜在的方式传递给学生,直接影响学生的学习态度和效果,发挥着隐性课程的作用。在体育教学中,体育教师对学生应有饱满的热情和精神,举止稳重,着装得当,平时要注意修饰发型和面部,善于运用人体语言,教学中教师的教态要亲切和蔼。这些均会使学生受到极大的感染,对学生起到潜移默化的影响,产生理想的教学效果。

(五)在体育教学中构建良好的师生人际关系

在体育教学中,师生之间、学生之间健康和谐的人际关系是重要的体育隐性课程内容。建立良好的师生人际关系,教师在其中起着重要的作用,这是由教师的地位决定的。

中学教师必须要理解学生、尊重学生,想学生之所想、急学生之所急,要能真诚、平等的对待学生。另外,中学体育教师要注重加强自身的修养,使学生产生崇敬和愿意接近的心理,以自身人格的力量维护教师权威,使学生产生崇敬和愿意接近的心理,并以人格魅力感化、影响学生。这样,他们才会喜欢和教师交往,乐于学习教师所教的课程,愿意向教师表露自己真实的思想感情等。

三、中学生体育隐性课程的开发与设计原则

(一)体育隐性教育必须从中学体育的整体体育观念来认识和开发

因为体育隐性教育是指中学体育的整体,所以,体育隐性教育要从中学体育的各个领域去研究,要改善中学的物质文化。目前,我国中学体育物质文化建设相当落后。在这种情况下,我们只能面对现实,在国家现有的经济条件下,尽可能改善学校的体育物质,因地制宜、就地取材,充分利用各校环境,巧妙设计,合理布局。要重视其精神文化,特别是在我国中学教育物质较差情况下,注重良好体育师生关系的形成和体育传统与风气、体育教学气氛的建设,注重挖掘和利用一切有利的积极精神文化因素将获得较好教学效果。

(二)体育隐性教育要与中学体育改革紧密相结合

体育隐性课程教育为中学体育课程改革提供重要的研究课题,二者相辅相成、互为补充,为中学体育改革的发展做贡献。因为体育隐性课程的本质与体育与健康课程标准的规定相一致。体育课程隐性教育能够为体育与健康课程标准的功能服务,研究学校体育隐性课程的教育功能也应与体育与健康课程标准相结合。所以,在贯彻落实"新课标"时,要侧重对中学体育隐性课程的挖潜和开发。

(三)当前体育隐性课程的设置应把握中学生的心理特征

引导其对体育的兴趣、爱好,培养其个性品质,使学生主动参加体育活动、体育锻炼,逐步养成终身体育的意识。

第三节　推动中学生体育隐性课程实施的策略

一、中学生体育隐性课程实施的策略

（一）以育人为中心，创设具有现代气息和氛围的体育文化环境

人才都是带有时代烙印的，不同的时代呼唤不同的人才，而且也必然能够塑造出具有时代特征的人才来。伴随现代社会的进步和物质条件的改善，物质文化已成为一种时尚，作为热情、活泼、爱美、易接受新思想的现代中学生，更是积极争取和向往。因此，应根据体育运动的特点，创设出符合学生身心的时尚、科学的具有现代气息和氛围的物化环境。具体从以下几个方面入手：创设明亮、整洁、优雅的具有健身氛围的健身场地，配置具有生活化和现代化的设备，并在健身房内设置宣传画、名言牌，摆置一些体育期刊或画册等；布置规范的比赛场地，创设优雅的、积极向上的比赛氛围，如设置横幅标语、美化比赛场地等，并在教学、健身锻炼、比赛、表演等活动中穿上合适、美观的运动服；配置多功能的力量训练组合器械或中学生较有兴趣的单项健身器材；配备经典音乐、录像带、VCD 等；根据学生的需要安排学习和锻炼的时间，场地、器材及时对学生开放，供学生广泛、自由地使用。

（二）创设全校师生积极参与的氛围，建立良好的价值取向和信念

各种体育活动中所进行的人际交往关系包括教师与学生、学生与学生、异性之间及校际之间的交往关系，而领导的重视程度、参与程度、投入程度反映着领导者的深层的思想理念，是教师和学生认可并遵循的价值取向和信念，因而他直接影响着学生的精神状态和观念，制约着健美操项目发展的进程。通过调查发现：学生中有 86% 的人对教师参与健美操活动表示欢迎，有 77.1% 的人对学校领导参与健美操活动表示欢迎，并希望能尽快改善新生的健美观念，允许更多的人参与健美操的学习和锻炼，很多男生还提出要求增设男生健美操班。因此，要尽量给学生创造各种交流和展示的机会。每项活动鼓励男生积极参与，同时多创设师生同台的机会，邀请领导、教师做嘉宾、评委，甚至让能力强的学生

指导教职员工开展健美操运动。

(三)立足网络满足学生自我完善的心理需求,培养健身观念和健美意识

进入青春初期的中学生,自我意识的发展已逐渐成熟,对自己容貌与体形的关注程度逐渐增强,甚至为自己所谓的生理缺陷而不安,他们爱美、爱追求时尚。因此,教师应根据学生的这一心理特点,因势利导,营造一种贴近学生身心的、健康的文化氛围,使体育源于生活、高于生活又回归生活,以培养、唤醒学生的自我需要,形成科学的体育观念和体育健身意识。例如,可以在校园网上开辟以下几个栏目对中学生进行有益的引导和教育:基本保健知识,如中学生运动瘦身、运动增高的科学方法、健康的生活方式、饮食结构等;最新信息和动态,如国际、国内及本校的体育最新动态;教学与欣赏,如课间体育活动、体育在线教学、体育比赛、表演、影片或图片的精彩回放;体育明星介绍等。

(四)在实践中培养审美能力、体育能力,陶冶品德情操

联系社会热点,紧扣时代脉搏,在各种体育实践活动中要善于抓住贴近学生生活的实用性、娱乐性和趣味性的热点内容,并充分利用观众效应,满足学生自我表现的欲望,在他人的认可、赞赏、评价中充分地认识自己、提升自己的审美观和价值观。同时,充分发挥学生的主观能动性,使之成为学生参与组织的主体性活动,如在健美操比赛、表演、健身知识竞赛等活动中,让学生自愿报名,自发组织,自我设计动作、队形和造型等,从中培养学生感受美、欣赏美、评价美、体验美和创造美的能力,挖掘和提高学生的创编、教学、组织、表演、交往、竞争等体育能力。对于好的班级多安排表演和展示,同时在群体中评选出个体优胜以提高个体的积极性。使学生在良好的审美观、价值观和体育能力得到培养的同时,也不知不觉中被塑造了集体主义精神、顽强拼搏精神以及开动脑筋不断创新的思维品质。

(五)俱乐部制课内外一体化,培养终身锻炼习惯

在课外实行俱乐部制是一种较理想的模式,体育俱乐部制课内外一体化模式,是采用一种更灵活、更多样化的方式开展教与学活动,使体育显性课程与隐性课程达到完美的结合统一。它可以突破体育显性课

程时间与空间的限制,实现教学内容、教学形式和场地、器材的开放,学生根据自身需要和兴趣爱好,自由地选择锻炼的内容和形式,为学生自学、自练和自我创造,参与竞赛,体现自我价值创造良好的氛围。它有利于充分发挥学生的主体作用,调动学生学习的积极性;有利于提高学生的终身体育意识和体育能力,尤其是社会体育活动能力、交往能力和协作精神;有利于养成自觉锻炼的习惯,并把习惯向未来延伸,实现向终身体育的过渡。

（六）建立学校、家庭、社会（社区）立体化教育和健身网络

学校体育传统与风气的形成,学校体育是主体,社会是学校体育的外部环境,家庭则是学校体育的基础。以体育社会环境而言,应借助全民健身活动、社会体育的热潮以及"明星效应",鼓励学生根据自身的需要积极参与社会为学生提供的体育活动。从家庭环境而言,应鼓励学生在家中坚持锻炼并向家长进行宣传,引导家庭成员加入体育锻炼队伍中来。此外,应加强学校同社区的联系,联合搞一些如大型团体操之类的活动。使学校、家庭、社区三者相互促进,为构建学校良好体育传统与风气,提高学校体育的整体水平共同努力。

（七）提高体育教师的素养和个人魅力,塑造"健"与"美"的形象

教师的人格魅力、教育观念、教育方式、行为习惯都作为个体文化以内隐的方式传递给学生。体育教师除了要具有体育教师"传道、授业、解惑"的职能以外,更重要的是还要充当"健"与"美"的使者。

二、中学生体育隐性课程的实施原则

（一）科学性

中学生体育隐性课程的实施不能违背自然规律,要有利于学生的身心发展,要开设丰富多彩、形式多样的课程内容。中学生体育隐性课程要科学合理,具有可行性,而不能脱离实际,纸上谈兵,既要具有健身性、安全性,也要有趣味性,还要考虑经济性等。

（二）实用性

实施中学体育隐性课程时,设置运动场地和体育器材要突出实用

性原则,所有物质设施的设计与使用都要有利于发挥隐性体育课程的作用,能面向全体学生,以吸引和激励更多的学生参与校园体育文化活动,充分发挥隐性课程的作用,从而培养学生的体育兴趣,养成自觉锻炼的良好习惯,培养学生的创新精神和体育实践能力,促进学生身心的全面发展。

（三）艺术性

需要根据中学生的身心特点和学校的实际情况,精心设计中学体育隐性课程并精心实施课程内容。直观地给学生以心理影响,满足他们的审美要求,给人以美的享受,使其快乐地、主动地参与体育活动,使学生生动活泼、主动地得到发展。

三、中学生体育隐性课程的实施方法

（一）情境教学法

教学实践表明,良好的教学环境及教学情景可以从很大程度上培养学生的体育锻炼意识,从而激发学生的学习兴趣,反之则会严重阻碍学生体育意识及兴趣的培养。例如,无论实验班还是对照班的学生对体育教师的个人形象满意度一般,这表明体育教师应注意自身的形象及素养,教学过程中,教师语言和行为都是一个显性表达的过程,中学生对体育教师的定位仍然停留在四肢发达、知识面狭窄的位置上,这对注重形象示范的体育教学过程有一定的负面影响。

（二）小组合作式教学法

说起"小组合作式"教学模式,这种教学形式在教学界引起过很大的争议,小组合作将个人独立学习成果转化为全组共有的认识成果,培养了群体意识和活动能力；为学习困难的学生提供了更多的课堂参与机会；还能激发学习热情,挖掘了个体学习潜能,增大了信息……但是小组合作也有一些不利因素,如课堂纪律难抓,有部分学生会"浑水摸鱼",不动脑筋在里面混等。但是笔者认为把"小组合作式"教学模式运用得恰当、巧妙还是能发挥出它的光芒的。

（三）激励教学法

激励教学原理：引起学习兴趣—强化学习动机—驱动学习行为—激发学习成功—形成自我激励。

在体育课中绝大多数学生曾受到过教师的激励和表扬，无论是小学还是中学生，学生个人都十分在意课堂上自己的表现能否得到教师的认同。在得到激励和表扬后，学生自身也会形成一种良好的自我激励意识，这对技能教学有着明显的促进影响。

同时批评在显性教学和隐性教学中都已经十分慎用，这对学生的心理发展有着积极的促进意义。鼓励和表扬固然是隐性课程教学的重要手段，但在课堂上，如果教师相对过多的表扬部分学生学习技能快、聪明或者接受力强，这些过度甚至失度的表扬，往往会刺伤其他学生的自尊心，挫伤其他学生的学习积极性，使他们产生自卑心理，从而造成负面影响。

隐性课程对学生的人生观、价值观的培养，行为习惯的养成，心理的健康发展具有十分重要的作用。因此，要在提高课堂教学质量的同时，关注课堂中的隐性课程。

参考文献

[1] 崔丽丽. 学校体育改革的体制性障碍与机制优化研究 [M]. 北京：九州出版社, 2021.

[2] 刘佳, 南子春, 马占菊. 校园体育文化的建设与发展探究 [M]. 北京：中国纺织出版社, 2021.

[3] 郑焕然. 大学体育文化与运动教程 [M]. 北京：北京理工大学出版社, 2020.

[4] 沈竹雅. 大学生体育运动与体育文化研究 [M]. 长春：吉林出版集团股份有限公司, 2020.

[5] 孙洁. 体育文化研究的多向度审视 [M]. 天津：天津科学技术出版社, 2020.

[6] 赵翔, 张博. 高校校园文化建设的多维度探究 [M]. 西安：西北工业大学出版社, 2020.

[7] 张鹏作. 高校体育文化教育与运动研究 [M]. 长春：吉林科学技术出版社, 2020.

[8] 张虎祥. 体育文化与全民健身 [M]. 北京：九州出版社, 2018.

[9] 陆宇榕, 王印, 陈永浩. 体育文化与健康教育探究 [M]. 北京：新华出版社, 2018.

[10] 许强. 国家学生体质健康标准测试项目 [M]. 延吉：延边大学出版社, 2018.

[11] 王建军, 白如冰. 高校体育文化教育研究 [M]. 长春：吉林美术出版社, 2018.

[12] 程会娜. 大学生校园体育文化解析 [M]. 西安：世界图书出版西

安有限公司,2018.

[13] 张明波.学校体育文化研究 [M].北京:光明日报出版社,2017.

[14] 苏航.民族传统体育文化传承创新研究 [M].南昌:江西科学技术出版社,2017.

[15] 顾春先.学校体育文化节的构建与传播 [M].成都:西南交通大学出版社,2017.

[16] 于可红,张俏.世界一流大学与体育文化互动发展研究 [D].杭州:浙江大学出版社,2015.

[17] 才忠喜,张东亮.校园文化理论与实践研究 [M].西安:西安交通大学出版社,2015.

[18] 蒋菠.大学体育人文精神重塑 [M].北京:人民出版社,2015.

[19] "提升我国体育文化软实力核心问题研究"课题组.中国体育文化软实力及其提升 [M].北京:科学出版社,2015.

[20] 杨建成.民族传统体育发展研究 [M].南京:河海大学出版社,2015.

[21] 刘轶.我国学校民族传统体育发展路径研究 以文化软实力为视角 [M].武汉:湖北人民出版社,2013.

[22] 吴江.大学生体育活动安全指南 [M].北京:冶金工业出版社,2013.

[23] 马来焕.校园文化价值取向 [M].北京:理工大学出版社,2012.

[24] 孙建华,张志成.学校体育竞赛组织管理与编排 [M].北京:光明日报出版社,2010.

[25] 王德炜.阳光体育教程 [M].北京:高等教育出版社,2010.

[26] 谭国平,徐国正.高校运动队管理探索 [M].长沙:湖南大学出版社,2009.

[27] 曲宗湖.学校民族传统体育 [M].北京:人民体育出版社,2002.

[28] 吴昊."互联网 +"背景下高校民族传统体育教学改革研究 [J].教育理论与实践,2021,41(24):58-60.

[29] 潘赛丹.互联网背景下校园体育文化的建设 [J].体育风尚,2021(06):231-232.

[30] 曹杰,王莉丽等.冬奥会背景下黑龙江省中小学冰雪体育文化建设研究 [J].冰雪运动,2021,43(04):82-86.

[31] 陶钧.以就业为导向的中职学校体育教学革新路径分析 [J].休

闲, 2019 (02): 133.

[32] 云月. 关注学生全面发展构建学校体育文化氛围 [J]. 汉字文化, 2019 (03): 135-136.

[33] 丁日明, 李永霞. 北京冬奥背景下的高校校园冰雪体育文化建设 [J]. 冰雪运动, 2018, 40 (03): 75-78.

[34] 樊超. 关于用体育精神重塑高校校园文化的思考 [J]. 体育文化导刊, 2017 (09): 123-126.

[35] 邹园. "互联网 +" 背景下学校体育教育探索与革新 [J]. 当代体育科技, 2017, 7 (11): 162-163.

[36] 郑继超, 赵娜. "互联网 +" 背景下我国高校校园体育文化发展的困境与路径 [J]. 体育研究与教育, 2016, 31 (02): 50-53.

[37] 杨益. 论体育精神与学校文化建设的关系 [J]. 运动, 2016 (23): 79-80.

[38] 申齐. 文化软实力背景下学校民族传统体育多元化发展策略 [J]. 民营科技, 2016 (12): 216-217.

[39] 紫金, 杨爱东, 张玉婷. 农业院校业余运动队日常管理模式研究——以云南农业大学业余运动队为例 [J]. 青少年体育, 2016 (03): 10-11+98.

[40] 赵爽. 校园体育文化发展趋势探析 [J]. 商, 2014 (01): 380.

[41] 刘轶, 万苏. 学校民族传统体育与文化软实力之互动关系研究 [J]. 当代体育科技, 2014, 4 (01): 125+127.

[42] 于飞. 阳光体育运动对高校校园体育文化建设的促进作用 [J]. 长春教育学院学报, 2013, 29 (05): 72+74.

[43] 岳伟. 校园体育文化与学生的全面发展探微 [J]. 鸡西大学学报, 2012, 12 (06): 149+154.

[44] 马彪. 奥林匹克体育精神与校园文化建设 [J]. 青海师范大学学报 (哲学社会科学版), 2007 (04): 124-127.

[45] 何伟. 新时代我国高校体育文化建设研究 [D]. 江西理工大学, 2021.

[46] 王述业. 大学生体育精神及其培育研究 [D]. 江西理工大学, 2019.

[47] 朱培培. 大学生科学素质教育研究——基于人的全面发展理论视角 [D]. 西南石油大学, 2016.

[48] 匡香红.江苏省阳光体育运动背景下中学校园体育文化建设的研究 [D].苏州大学,2015.

[49] 张志华.我国高校竞技体育人才培养的理论与实践研究 [D].北京体育大学,2014.

[50] 邹媛.美国高校体育文化中的品格教育渗透——以密歇根州立大学为例 [D].西南大学,2012.